BTS
사랑과 공감의 영웅

류은숙 지음

페스트북

지천명(知天命)을 바라보는 나이, 다시 심장을 뛰게 하는 BTS의 음악을 만났다. 9년간의 BTS의 국내외 활동과 행적을 따라가며, 나는 그들의 음악에 대한 열정과 팬들에 대한 진심에 감동을 받았다.

BTS는 자신들이 사랑하는 음악으로 시대의 위험을 막아내는 예술가의 활동을 이어가고 있다. BTS는 국내 활동뿐만 아니라 비행기에 몸을 싣고 5대륙을 날아다니며 해외 팬들을 직접 찾아갔다. 2021년 BTS의 잠실 주경기장에서의 공연 실황은 전 세계 75개국에서 영화로 동시에 상영될 만큼 두터운 팬덤 층을 확보하고 있다. BTS는 팝 음악의 전설로 알려진 그룹 비틀즈(Beatles), 퀸(Queen) 그리고 뉴키즈 온더 블록(New kids on the block)의 계보를 잇는 전설의 보이 그룹으로 명성을 날리고 있다. 또한 대중음악의 문학적 가치를 인정받아 노벨문학상을 수상한 차세대 밥 딜런(Bob Dylan)이라는 평가를 받기도 한다. BTS는 여전히 성장하고 자신의 재능을 다양하게 확장하고 있는 현재 진행형 가수로서, BTS의 영화가 전 세계에서 상영되고, 디즈니사에서 BTS의 음악 활동에 대한 다큐멘터리가 제작될 만큼 인기와 명성을 누리고 있다.

〈BTS, 사랑과 공감의 영웅〉은 BTS를 아직 모르는 분들을 위한 BTS 입문서이다. 본서는 BTS의 9년간의 음악 세계를 여행하는 BTS 타임머신이고, BTS와 아미를 위한 추억의 기록물이다. 잠시의 쉼표와 충전 후, 여전히 계속될 BTS의 음악 여정의 최고의 순간들을 응원하며 'BTS의, BTS에 의한, BTS와 아미를 위한' 추억의 글을 기록한다. 이 책을 통해 필자는 인생의 여러 단계에 있는 독자들이 자기 인생의 주체로서 스스로를 더욱 사랑하고 다시 인생 궤도에서 재능과 빛을 발하길 희망한다. 나는 BTS의 음악이 당신의 삶을 치유하고 힘과 용기를 주는 마법의 상점이 되리라 확신한다.

필자는 〈BTS, 사랑과 공감의 영웅〉에서 BTS의 데뷔부터 9년의 행적을 요약했고, 그들이 선택한 음악, 특히 케이 팝, 그리고 해외 음악 차트와 관련한 용어를 대중음악에 입문하는 독자를 위해 자세히 설명해두었다. BTS의 공연 가운데 레전드급 영상과 공연 실황을 유튜브 링크를 통해 바로 감상할 수 있도록 각주로 첨부했다. 나는 수많은 낮과 밤을 BTS의 음악을 들으며, 각성과 상념의 나날로 컴퓨터 자판을 두드려 조각품을 깎아내듯 책을 완성했다.

〈BTS, 사랑과 공감의 영웅〉이 당신 자신의 인생의 주인공으로 사는 길, 그리고 창조주께서 당신의 DNA에 심어 주신 일과 재능을 발견하고 진정한 자기 사랑에 눈을 뜨는 데 도움이 되길 바란다. 한 걸음 더 나아가 당신이 세상을 더 평화롭고 아름다운 곳으로 만드는 영웅으로 성장하는 데 도움을 주길 바란다.

저자 소개

류은숙

1973년 서울시 동대문구에서 4남매의 막내로 태어나서 39년간 서울에서 성장하며 교육을 받고 직장을 다녔다. 이문초등학교, 숭인여자중학교, 경희여자고등학교, 이화여자대학교 중어중문학과를 졸업했다. 서울대 대학원 중어중문학과에서 현대 중국어와 언어의 의미와 통사구조를 연구해서 문학 석사학위를 받았다.

대학생활에서 전공과 더불어 사랑, 인생, 문학, 인문학에 관련된 다양한 방면의 책을 읽었다. 지금은 인터넷, 스마트폰 등 온라인 세상을 통해 너무나 편리하게 정보를 얻는 세대이지만, 내가 대학생활을 하던 시기는 세상과 삶에 대한 호기심을 오로지 책을 통해서 해결할 수 있는 1990년대였다. 학창시절에는 아르바이트를 가기 전 학교 도서관에서 마음이 끌리는 책을 탐독하고, 흔들리는 지하철 안에서도 독서를 즐길 만큼 세상에 대한 호기심과 지식을 쌓기 위해 책에 대한 사랑이 지극했다.

1995년 3월 대학을 졸업한 후, 삼성 물산 생활물류 일본 간이복 팀에 파견 근무하면서, 대기업과 협력업체를 연결하는 의류부자재 발주 업무를 담당하며 사회생활을 시작했다. 결혼 후, 두 아이를 출산하고 양육하며 가정과 학원에서 영어강사로 지냈다. 대학 졸업 후 10년 뒤 대학원에서 중국어와 현대 어학 연구법을 공부했다. 석사 졸업 후, 2011년 의료관광전문인 양성과정 1기를 수료했다. (주)메디타임스에서 의료 관련 기사를 작성하고 교정하는 편집부 차장을 지냈다. 2013년 조지타운 의과대학 교수인 로버트 비치 교수(Robert M.Veatch)의 의료와 생명 윤리에 관한 'The Basics of bioehtics'를 한국어 〈히포크라테스와 생명윤리〉(북코리아, 이종원 류은숙 공역)로 번역하여 출간했다.

서울에서 김포로 이사 후, 2012년 6개월간 서울대학교에 소재한 규장각 한국학 연구원에서 조선 시대의 국보급 서적의 수리와 복원 원칙을 정하는 7명의 참여 연구원과 함께 자료상태조사팀에서 근무했다. 2015년 (주)아이유노 글로벌 소속의 중한 프리랜서 영상번역가로 활동하며, 홍콩영화 오가양 감독의 〈분화미인어(噴火美人魚)〉를 한국어로 번역했다.

2017년 대구로 이사 후, 대학에 진학한 두 딸과 대학에 재직중인 남편을 도우며, 책 출판관련 교정과 내용 감수를 담당했다. 가족, 그리고 서울에서 입양한 강아지와 행복하게 지내다가, 코로나시기를 지나며 인생의 진정한 의미를 물으며 우울한 시기를 지나던 2020년 성탄절 즈음, 우연히 BTS의 음악을 만났다. 마치 이야기하듯 노래하는 그들의 음악은 나 자신을 사랑하라고 말하고 내가 무엇을 좋아하는 사람인가를 질문했다. 음악을 듣고 유튜브 영상을 보면 볼수록, BTS의 음악이 주는 힘과 에너지를 얻으면서 노래로 전달되는 위로와 감동에 감탄하면서, 그들의 음악 세계가 점점 더 궁금해졌다. 그렇게 시작된 호기심으로 BTS의 음악 활동을 기록한 책들을 읽고, 그동안 발매된 앨범의 수록곡들을 VIBE를 통해 듣고, 뮤직 비디오와 해외 공연 영상들을 찾아보게 되었다.

마침내 BTS의 데뷔부터 9년간의 행적을 따라가며 젊은 그들의 열정을 쏟은 국내외 활동에 함께 울었고, 그들의 엄청난 수상과 팬덤 아미의 응원과 사랑에 같이 행복해했다. BTS는 멤버 자신들이 알고 있는 것보다 놀라운 규모의 아미의 사랑을 받고 있다. BTS는 국내에 알려진 사실보다 수많은 해외 팬덤이 BTS의 음악을 사랑한다. BTS의 해외에서의 인기는 가히 경이롭다. 또한 BTS의 팬덤 아미는 단순히 스타와 팬덤의 관계를 넘어 세상을 더 평화롭고 아름다운 곳으로 만드는 일에 동참하고 있다. BTS와 팬덤 아미는 진정한 삶과 사랑의 의미를 모색하고, 기성세대의 불합리를 바로 잡고 편견과 차별이 없는 세상을 만드는 일에 동참하고 있다. BTS와 아미의 세상의 위험을 막아내고 공공의 선을 추구하는 선행을 알게 되면서, 지천명의 나이인 나도 내가 할 수 있는 일을 찾기 시작했다. BTS와 팬덤 아미의 실천에 감동을 받고 〈BTS, 사랑과 공감의 영웅〉을 저술하게 되었다.

목차

1

BTS와의 첫번째 만남

BTS와의 첫번째 만남

BTS와의 첫번째 만남

• • •

한국에서 가장 먼저 코로나의 직격탄을 맞은 도시는 내가 2017년에 이사 온 대구였다. 2020년 1월 20일 마치 비상 계엄령이 선포된 듯, 대구 시민들은 갑자기 외출이 금지되고, 마스크를 착용하며 공공장소에서의 모임이 일절 금지되었다. 외식과 외출은 물론, 학교 수업과 교회 모임도 온라인으로 대체되었다. 집안에 필요한 식재료를 가까운 마트와 온라인에서 주문하고, 가능한 한 이동을 자제했다. 그렇게 대구 시민들은 한국에서 처음으로 무색, 무취, 무향의 코비드19(COVID-19) 바이러스와의 한판 전쟁을 시작했다. 대구 시민들은 미지의 적과 대치하여 국가의 방역을 위해 최전방에서 전쟁을 치르는 전우들처럼 용맹했다. 타 지역으로의 바이러스 확산을 막겠다는 결연한 의지로 시민들은 일사불란하게 사태에 대비했다. 매일 울리는 구급차 소리는 마치 죽음을 재촉하는 경고의 사이렌처럼 심장을 압박했다. 일파만파 늘어나는 확진자를 치료하기 위해, 터무니없는 인력난을 겪고 있는 의료진들은 더 애가 탔다. 전국에서 대구 의료진과 환자들을 돕기 위해, 가족을 뒤로하고 의사와 간호사, 그리고 구급차들이 줄줄이 대구에 집결했다. 의료진과 공무원, 민간인 할 것 없이 모두가 단결하여 코로나와의 접전을 치뤘다.

코로나 발생 후 10개월이 지난 대구는 잠시 안정을 되찾았다. 2020년 성탄절, 가족들 간의 간단한 모임이 가능해졌다. 화려한 크리스마스 장식과 선물 꾸러미, 캐럴과 쇼핑으로 흥겨움에 춤추었을 도심의 거리는 스산한 정적만 감돌았다.

오랜 만에 모인 가족들은 크리스마스 트리가 장식된 아담한 카페에서 음료를 주문했다. 코로나와의 전면전을 치른 대구의 용사에게 주어진 그 해 성탄 선물은 카페에서 마스크를 벗고 마신 유자차 한 잔이었다. 가족과 카페에서 마시는 차 한 잔이 너무나 생경하고 감사하게 느껴졌다. 하지만 여전히 내가 코로나의 숙주가 되면, 내 가족, 사회, 국가의 위기를 불러올 수도 있다는 긴장감에 심장은 여전히 안정을 찾지 못했다. 일상을 빼앗아간 코로나 팬데믹은 삶의 의미와 미래에 대한 불안이 교차하는 미지의 시간 속에 우리를 가두고 말았다.

〈다이너마이트를 부르는 BTS〉[1]

그 해 성탄절, 대구에 출연한 방탄소년단(BTS)은 가요대전에 마지막 출연자로 대미를 장식했다. BTS는 〈블랙스완(Black Swan)〉, 〈다이너마이트(Dynamite)〉, 그리고 〈Life goes on〉을 불렀다. 상아색 슈트를 입은 BTS 멤버들이 눈사람과 성탄절 장식이 있는 거리에서 〈다이너마이트〉를 부르며 성탄 축하 퍼포먼스를 연출했다. 그 해 코로나 팬데믹 보다 더 무서운 것은 사람에 대한 경계심, 그리고 무색무취의 바이러스에 대한 공포와 집단 우울감이었다.

사람들의 왕래가 끊어지고 성탄 캐럴도 숨죽인 어둠의 도시에 시간 여행자들이 나타났다. BTS는 집단 우울증에 빠진 회색빛 도시 대구에 즐거움과 희망의 엔돌핀을 터뜨렸다. 코로나 상황을 탈출해서 타임머신을 타고 이동한 음악 속 시간은 디스코(Disco)가 유행하던 1970년과 80년대다. 아니, 과거인지 미래인지 모를 일상이 회복된 시간 속에 BTS가 이동해있다. 코로나로

---

[1] 본문에 있는 로고와 디자인은 이수인의 일러스트 작품이다. 이수인은 영남대학교 시각디자인학과를 졸업한 필자의 딸이다.

취소된 방송과 공연으로 공허함과 단절의 시간을 보냈던 BTS가 카메라 앞에서 퍼포먼스를 연출한다. 흰 눈이 내리는 거리에서 멤버들이 성탄 트리와 눈사람 앞에서 화려한 조명을 받으며 노래하고 춤춘다. 순식간에 회색빛이었던 나의 뇌와 안구가 정화되며 즐거움의 스파크가 터졌다. 맞아, 크리스마스였지?

"신사 숙녀 여러분, 여러분의 우울함을 치료할 약을 가지고 있으니,
자기 일에 집중하고 즐기세요.
(Ladies and gentlemen, I got the medicine,
so you should keep ya eyes on the ball)."

〈다이너마이트〉 중에서

BTS 멤버들의 웃음 띤 얼굴, 성탄을 축하하는 흥겨운 퍼포먼스는 그 자체가 힐링이었다.[2]

플라시보 효과(위약 효과, Placebo Effect)라는 단어가 떠올랐다. 플라시보 효과는 실제로 효과가 없지만, 진짜라고 믿고 복용하면 50~60%의 약효를 발휘하는 현상을 말한다. BTS는 음악의 타임머신을 타고 행복한 시간으로 이동했다. 그리고 코로나 블루에 대한 항우울제인 음악의 엔돌핀, 〈다이너마이트〉를 터뜨렸다. 2020년 성탄절의 BTS는 인생의 이정표를 잃고 멍해진 나의 어두운 일상에 한 줄기 빛을 비춰주었다.

---

[2] 2020년 성탄절의 대구 가요대전 BTS가 공연한 〈블랙스완〉, 〈다이너마이트〉, 〈Life goes on〉 공연은 https://youtu.be/LIGz_AXiP6c에서 감상할 수 있다.

〈LIFE GOES ON〉을 부르는 BTS

실내로 복귀한 BTS는 소파가 놓인 작은 방에 옹기종기 모여 앉아, 〈Life goes on〉을 부른다. 투명한 유리구슬 안에 흰 눈이 내리는 평화로운 마을 풍경이 담긴 오르골이 한 방향으로만 돌아간다. 멤버들은 성탄절 장식이 된 방에 모여 소파에 앉아서 '멈춰버린 세상 속에 발자국조차 지워진 거리에서도 우리의 삶이 여전히 계속되니 어둠에 숨지 말고 내일을 이어가자'며 〈Life goes on〉을 부른다. 감아두었던 태엽이 모두 풀리면 멈춰버리는 오르골처럼, 코로나라는 팬데믹도 언젠가는 종식될 것이다. 흰 눈처럼 하얀 상아색 슈트를 입은 멤버들이 초록 잎의 빨간 포인세티아, 그리고 성탄 장식과 양초가 반짝이는 따뜻한 방에서 미소를 띠며 고요히 성탄을 축하하고 있다.

성탄이지만 화려한 파티도, 거리에 울려 퍼지던 명랑한 캐럴도 들을 수 없는 세상이다. 이동과 여행, 모임이 멈춰버린 상황에서 코로나라는 긴 터널을 빠져나갈 출구를 찾아봤지만, 출구가 보이지 않는 현실을 담담하게 노래한다. 화려한 조명과 수많은 해외 팬들을 위해 비행기를 타고 공연장을 종횡 무진하던 방탄소년단도 어느새 자신의 베개와 책상이 있는 조그만 방에 갇혀 있다. 유리구슬 속에 갇힌 오르골 속의 마을처럼, 우리들의 일상이 똑같은 자리를 뱅글뱅글 맴돌고, 무언가를 하라는 데 할 수 있는 일이 없어 갑자기 인생의 시계 바늘이 정지해있다.

크리스마스 선물 같은 공연을 본 나는 코로나 이전의 과거로 시간 여행을 다녀온 기분이었다. 잠시 팬데믹 상황을 잊은 채, 행복하고 즐거웠던 유년기의 성탄절로 타임머신을 타고 이동한 기분이 들었다. 딸아이가 좋아하던 방탄소년단에 대한 관심은 성탄절 대구에 공연을 온 BTS의 무대를 보면서부터였다. 사실 인기 있는 아이돌 그룹이 한국에서 코로나가 시작된 대구에 왔다는 사실만으로도 놀라웠다. 코로나가 발생한 초기, 마치 봉쇄된 도시 같던 대구에 의리의 남자 김보성 배우가 직접 자가용을 운전해 와서 시민들에게 마스크와 간식을 나누어주며 불끈 쥐어진 주먹을 보이며 의리를 외쳤다.

"대구 시민 여러분, 사랑합니다. 힘내십시오. 끝까지 함께 하겠습니다. 의리! 의리!"

김보성 배우가 대구에 방문했을 때도, 가슴이 따스해지고 너무나 큰 위로가 되었다. 그런데 다이아몬드처럼 반짝이는 아이돌 그룹이 대구까지 와서 공연을 하다니? 물론 소속사의 배정이 있었겠지만, 누군가 특히 성인이 어딘가로 이동하는 것은 자발적 의지가 필요한 일이다. 그저 코로나에 걸리지 않은 일상에 감사하던 나는 BTS의 성탄절 퍼포먼스를 감상하며, 방탄소년단이 너무나 궁금해졌다. 색채로 표현하면 회색빛인 2020년 겨울의 대구, 폭죽 같은 파티를 터뜨린 아이돌이 당시 버려진 도시 같던 대구까지 감염의 두려움을 무릅쓰고 달려 와 주었다. 분명히 코로나라는 바이러스가 두려웠을 텐데, 그럼에도 불구하고 대구에 달려온 청년들의 마음이 궁금해졌다. 그리고 내가 BTS의 음악을 들으면서 갑자기 행복해지는 이유, 그리고 다시 답답한 현실 속에서도 미래에 대한 기대감이 샘솟는 사실이 너무나 신기하게 느껴졌다.

Dynnnnanna, Life is a dynamite
Dynnnnanna, Life is a dynamite
shining through the city with a little funk and soul
So I'm light it up like dynamite, woah
(인생은 다이너마이트. 인생은 펑크와 소울로 도시를 밝히는 다이너마이트.
그래서 나는 환하게 밝혀줄 거예요. 다이너마이트처럼)

BTS의 〈다이너마이트〉 중에서

당시 나는 마치 동물원에 갇혀 있는 동물처럼 꿈도 희망도 없는 상태에서 지내고 있었다. 단순한 일상이 반복되는 가운데, 그저 코로나 방역을 위해 두문불출하며 움직임도 생각도 정지된 상태였다. 성탄절에 만난 BTS의 노래 〈블랙스완〉, 〈다이너마이트〉와 〈Life goes on〉 영상을 반복해서 보고 또 보았다. 마치 유튜브(youtube) 오르골 속의 작은 요정들처럼 춤추고 노래하는 BTS는 마치 어린 시절 손에서 내려놓지 못하던 인형처럼 소중하게 느껴졌다. 〈블랙스완〉의 'BTS와 함께 당신의 일을 하라는(Do your thing with me)'는 말, 〈다이너마이트〉의 '제가 당신의 꿈을 다이너마이트처럼 밝혀줄 거예요(I'll light it up like dynamite), 그리고 〈Life goes on〉의 '내일을 또 이어가자고, 멈춰있지 마. 어둠에 숨지마. 빛은 또 떠오르니까'라는 가사와 리듬이 나의 뇌리 속을 반복적으로 맴돌았다. BTS의 노래와 가사를 흥얼거리며, 나는 다시 나의 일상에서 활력과 희망을 찾기 시작했다. 〈쩔어(Dope)〉에서 경찰복을 입은 아이돌의 안무가 카리스마 있다고 느낀 적이 있었다. '어서 와! 방탄은 처음이지?'로 시작하는 독특한 멘트가 마치 시청자를 자신들의 세상에 초청하는 것 같았다. BTS 음악 속의 어떤 신비로운 힘이 우울한 나날을 보내던 나의 자아와 자존감을 순식간에 떠올리기 시작했다. 2020년 성탄절의 가요대전은 내가 BTS의 음악을 알게 된 첫 번째 만남이었다. 마치 인류의 구원자로 오신 아기 예수의 탄생처럼, 나의 인생에 커다란 터닝 포인트를 마련한 BTS의 음악을 만났다.

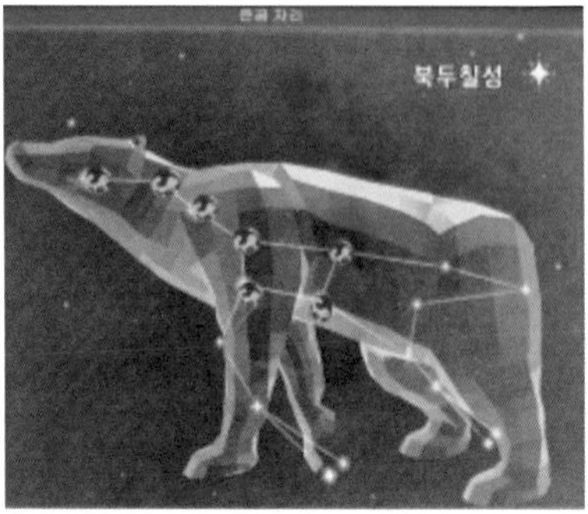

<큰곰 자리의 북두칠성>

BTS의 음악을 알게 된 후, 나는 다시 성실하게 일상에 집중하며 꿈을 꾸고 새로운 일에 도전하고 싶어졌다. BTS는 깜깜한 밤하늘에서 밝은 미래를 보여주며, 나의 길을 안내하는 것 같았다. 칠흑 같은 인생의 밤에 '저를 따라오면 당신은 절대 길을 잃지 않을 거예요'라며 도란도란 의좋은 북두칠성(北斗七星) 형제처럼, BTS가 자신들의 강렬한 빛으로 나의 궤도를 안내하고 있었다. 만약 당신이 인생의 방향을 잃고 멈추어 있다면, BTS가 음악을 통해 전하고 싶은 말들에 귀 기울여 보길 바란다.

이 책에는 BTS의 이야기 그리고 그들이 선택한 음악과 대중음악 이야기, 그리고 나의 이야기, 그리고 내가 발견한 우리 시대 영웅들의 이야기를 담아두었다. 이 책은 BTS의 성장 스토리, 그리고 필자의 인생 경험으로 깨달은 심득을 적어두고, 독자가 자기 인생의 주인공으로 살기를 바라는 간절한 바람과 진심을 담아두었다. 어두운 시간에 갇혀 있던 나의 마음과 인생을 환하게 밝혀주고 캄캄한 밤에 별빛과 등불이 되어준 일곱 별, 방탄소년단(BTS)의 이야기를 지금 시작한다.

1.1. BTS와 멤버, 이름의 의미

동서양을 막론하고 자녀를 사랑하지 않는 부모는 없다. 물론 자녀를 사랑하는 방식이 저마다 다르긴 하지만, 세상에 나온 자신의 2세를 보는 순간부터 부모는 아이를 보호하려는 강력한 부모 호르몬이 생성된다. 세상에 태어난 아기에게 주어지는 첫 선물은 이름이다. 서양과 마찬가지로, 한자 문화권에 속한 부모들은 자녀의 이름을 지을 때 사용할 한자의 의미를 중요하게 여긴다. 그래서 아이의 첫 선물인 이름의 한자를 선택하기 위해 작명소를 찾기도 한다. 특히 중국인들은 처음 만난 사람에게 자신을 소개할 때, 한자를 사용한 단어로 자기 이름의 의미를 알려준다. 예를 들어, '제 이름은 류은숙입니다'라고 소개할 때, '류(柳)는 버드나무의 류이고, 은(恩)은 은혜의 은, 숙(淑)은 '숙녀'의 숙입니다(我叫柳恩淑，柳就是柳木的柳，恩就是恩惠的恩，淑就是淑女的淑)"라고 소개한다. 동양 문화권의 부모들은 아이의 평생을 동행할 이름을 지을 때, 축복의 마음을 담아 정성을 기울인다. 항상 듣게 될 자녀의 이름이기 때문이다.

BTS 멤버들은 공식 석상에서 예명을 사용하지만, 팬들은 그들의 본명을 알고 있다. 멤버들은 예술가로 거듭나기 위해 BTS의 예명을 스스로 지었다. BTS의 오랜 팬들은 BTS 멤버의 이름과 예명, 그리고 그룹에서의 주요 역할을 이미 알고 있다. 우선 BTS 멤버들의 본명과 이름에 담긴 의미, 그리고 팀에서의 역할을 소개한다.

김남준(金南俊) 남준(南俊)의 '남(南)'은 '남쪽', '남쪽의 나라'를 의미하고, '준(俊)'은 '재주와 슬기가 뛰어남' 혹은 '재주와 슬기가 뛰어난 인재'를 의미한다. 남준의 한자 이름을 현대적으로 해석해보면 '남쪽 나라의 재주와 슬기가 뛰어난 천재'가 된다. BTS의 리더인 김남준(金南俊)의 BTS에서의 예명은 알엠(RM)이다.

남준은 경기도 일산 출신으로, 글로벌 사이버대 방송연예학과와 한양대 사이버 대학원 광고 미디어 MBA를 취득했다. 노래 가사에 나오는 마지막 가사가 랩 몬스터(Rap monster)였던 것에서 알엠의 예명이 지어졌다. 그는 랩의 괴물이라는 예명처럼 랩(Rap)의 1인자이다. BTS에서 알엠의 주요 담당은 속사포처럼 빠르고 정확한 랩이다. 알엠은 영어, 일본어에 능통하며 많은 책을 읽는 독서광으로, 미술관 전시와 관람을 즐기는 미술 애호가로도 유명하다. BTS를 이끄는 리더로서, BTS가 지향하는 방향을 제시할 뿐만 아니라, 유엔 총회 연설장에서 동시대의 젊은 세대를 향해 메시지를 전달할 만큼 전 세계 젊은이들의 삶을 리드하고 있다. 각종 시상식과 해외 시상식에서 인사말을 주로 담당하며 멤버들의 정신적 지주이자 리더이다. BTS 노래의 작사와 작곡에 참여하고, 그룹의 지향점을 제시하는 매력적인 뇌섹남이다.

김석진(金碩珍) 석진(碩珍)의 '석(碩)'은 형용사로 '영리하다', '가득 차다'라는 의미를 가지고 있다. '진(珍)'은 명사로는 '보배', '보물', '맛있는 음식'를 의미하고, 형용사로는 '진귀하다', '보배롭다'라는 의미가 있다. 석진의 한자명을 해석해보면, '보물이 가득하다', '똑똑하고 보배롭다'가 된다. 김석진의 BTS에서의 예명은 심플하게 '진(Jin)'이다.

경기도 과천시 출신으로 건국대 영화예술학과 학사와 한양사이버대학원 광고 미디어 MBA 과정을 졸업했다. 배우 지망생이었던 그는 타 엔터테인먼트 회사의 요청이 있었지만 거절했다고 한다. 월드와이드 핸섬(World wide handsome)이라는 별명을 가진 진은 자타가 공인하는 잘생긴 외모에 털털하면서도 자상한 성격의 소유자이다. 진은 BTS의 앨범 《Love yourself》 뮤직비디오의 주인공을 맡아 연기자로서의 실력을 발휘하기도 했다. 연기 지망생이었던 석진이 가수로 전향하기 위해 남몰래 보컬과 안무를 훈련하는 인고의 시간을 견뎌냈다. 사실 일반인이 프로 가수들처럼 노래만 잘하기도 쉽지 않다. 하지만 그는 보컬, 안무, 솔로 곡에서 발라드와 트로트의 경계를 섭렵하며 마침내 예술가의 경지에 도달했다. 진의 발라드곡 〈Yours〉와 경쾌한 트로트 곡 〈슈퍼참치〉는 빌보드 차트에 오르기도 했다. 진의 배우로서의 재능과 역량은 뮤직비디오, 모델, 연기, 방송 출연과 같은 영역에서 멤버들에게 큰 도움을 주었을 것이다.

민윤기(閔玧其) 윤기(玧其)의 윤(玧)은 '붉은 구슬'을 의미하고, 기(其)는 대명사로 '그것' 혹은 감탄사로 사용된다. '윤기'의 의미를 해석해보면, '붉은 구슬이로구나!' 또는 '멋진 보물'이 된다. 민윤기의 BTS에서의 예명은 슈가(Suga)이다.

슈가는 대구 출신으로 글로벌 사이버대 방송연예학과와 한양사이버대학원 광고 미디어 MBA 과정을 졸업했다. 래퍼로 활동할 때는 'AugustD'라는 예명을 사용한다. 새하얀 얼굴에 적은 몸동작과 속사포보다 빠르고 정확한 랩의 귀재로, 조용한 성품에 매력적인 눈웃음을 지닌 미소년이다. 귀여움과 시크한 매력의 소유자로 아미들의 마음을 송두리째 빼앗아 가장 결혼하고 싶은 멤버로 댓글 창에 자주 등장하는 "윤기, 매리 미(Yoongi, marry me)"의 주인공이다. 슈가는 피아노 연주와 작곡, 프로듀싱에도 뛰어난 음악 천재다. 바위가 되고 싶었다고 말하는 슈가는 움직임과 말수가 적은 편이고 솔직하다. 조용한 성품에 적은 움직임의 슈가가 〈대취타〉에서 보여준 카리스마 넘치는 1인 2역의 연기는 완벽이상의 매력을 발산했다. 슈가는 알엠과 함께 BTS에서 랩과 보컬, 작사와 작곡을 하는 프로듀싱을 담당한다. BTS에서 주로 보컬과 랩, 작사 작곡에 참여하고, 프로듀싱과 리믹스에서도 실력을 인정받고 있다. 2022년 슈가가 만든 〈댓댓(That That)〉을 선배 가수 싸이(Psy)가 불러서, 코로나로 휴식을 취하던 싸이의 빌보드 재진입을 적극적으로 도왔다.

정호석(鄭號錫) 호석(號錫)의 호(號)는 명사로는 '이름', 동사로는 '부르다'를 의미한다. 석(錫)은 '녹슬지 않는 주석'과 '구리'같은 광물을 가리킨다. 그렇다면 호석(號錫)은 '영원히 녹슬지 않는 보물', '영원한 보물을 불러온다'로 해석할 수 있다. 정호석의 BTS에서의 예명은 '제이홉(J-hope)'이다.

제이홉은 전라도 광주 출신으로, 글로벌 사이버대 방송 연예학과를 졸업하고, 한양 사이버대학원 광고 미디어 MBA 과정을 졸업했다. 정호석의 첫 이니셜인 'J'와 희망을 의미하는 'hope'를 합쳐서 예명을 만들었다. 제이홉은 2008년 전국 댄스 배틀 경연대회 우승자로, BTS에서 메인 댄서와 서브 래퍼로 공헌하고 있다. 제이홉은 아미를 진정으로 사랑하고 아낀다는 표현을 자주 한다. 자신의 생일에도 한 시간 이상을 브이라이브(Vlive)에서 아미와 축하 파티를 가질 만큼 아미에 대한 애정이 지극한 맑은 영혼의 소유자이다. 특유의 긍정성과 친밀감으로 낯선 곳에서도 긍정의 에너지를 선사하고 적응력이 뛰어난 분위기 메이커로, 'You are my hope, I'm your hope. I'm Jhope. BTS의 햇살, 바로 제이홉이다. 제이홉은 여성 교육의 활성화를 위해 2020년 6월부터 전남여상에 재학 중인 여학생들에게 장학금을 전달했다.

박지민(朴智旻) 지민(智旻)의 '지(智)'는 '지혜'를 의미하고, '민(旻)'은 '하늘'을 뜻한다. 그렇다면 지민의 이름은 '지혜가 하늘에 닿다', '하늘만큼 높은 지혜'로 해석할 수 있다. 박지민의 BTS에서의 예명은 '지민(Jimin)'이다.

지민은 부산 출신으로 부산예술고등학교 수석 입학생으로, 전학한 한국 예술 고등학교에서 현대 무용을 전공했다. 글로벌 사이버 방송연예학과를 졸업했고, 한양 사이버대학원 광고 미디어 MBA 과정 재학 중이다. BTS에서의 역할은 메인 댄서와 리드 보컬이며, 비음과 고음, 그리고 두성을 섞은 서정적이고 매력적인 음색을 가진 보컬이다. 현대 무용과 한국 고전 무용은 물론이고, 고난도의 안무를 척척 소화하는 댄스 실력자로 팬들의 사랑을 받고 있다. 찹쌀떡처럼 부드러운 성품과 애교 넘치는 귀엽고 사랑스러운 이미지를 가지고 있다. 미국 토크쇼에서 지민은 사회자 제임스 코든(James Corden)을 파파 모찌라고 부르고, 코든은 지민을 베이비 모찌라고 부르며 서로에 대한 친근감을 보이기도 했다. 지민은 화려한 댄스 실력과 감성 가득한 음색을 자랑하는 BTS의 꽃이다.

김태형(金泰亨) 태형(泰亨)의 '태(泰)'는 형용사로 '크고 넉넉하다, 편안하고 자유롭다'는 의미이다. '형(亨)'은 형용사로 '형통하다'라는 뜻이다. 그렇다면 태형의 이름은 '크게 잘되고 형통하다', '자유롭고 모든 일이 형통한 사람'으로 해석할 수 있다. 김태형의 BTS에서의 예명은 '뷔(V)'이다.

뷔는 대구 출신으로, 흔히 승리와 행운을 상징하는 'V'는 뷔 자신과 BTS에게 커다란 승리와 행운을 안겨주고 있다. 유창한 일본어와 영어 실력을 갖추고 있고, 어른스럽고 성숙한 매력이 있다. 뷔는 고전적이면서도 4차원적인 매력을 지닌 자유로운 영혼으로, BTS에서 보컬을 담당하고 있다. 뷔는 중국, 사우디아라비아, 인도네시아 등 국제적으로 수많은 아미 팬덤(fandom)[3]이 있고, 인스타그램(Inatagram) 팔로워 4천만 명 이상을 기록한 국제적인 인기와 영향력을 행사하는 감성 맨이다. 뷔는 〈Christmas tree〉, 〈Winter bear〉, 〈Stigma〉 등 감성 가득한 발라드 솔로 곡을 발매했다. 〈Christmas tree〉를 비롯한 뷔의 5곡이 스포티파이(Spotify)에서 엄청난 스트리밍 수를 기록하며 사랑을 받고 있다. 97년에 출생한 인물 가운데 전 세계에서 가장 영향력 있는 인물로 뽑히기도 했다. 뷔는 북극곰을 입양하고 동물 보호 활동과 기부 등 선행을 많이 하는 자타공인 착한 소년(good boy)이다.

전정국(田柾國) '정국(柾國')의 '정(柾)'은 '바르다', '곧다'라는 의미이고, 국(國)은 '나라'를 의미한다. 그렇다면 정국(國)의 의미는 '나라를 바르게 세우다', 혹은 '나라의 기둥'이라는 의미로 해석할 수 있다. 전정국의 BTS에서의 예명은 정국(Jungkook)이다.

---

[3] 팬덤(fandom)은 연예인 혹은 유명인을 좋아하고 따르는 팬들의 무리, 팬들의 집합체를 지칭하는 말이다.

정국은 부산 출신으로 글로벌 사이버 대학교 방송 연예학과를 졸업했다. 정국은 슈퍼스타 K3을 통해 일약 스타로 등극해서 빅히트의 오디션을 통해 입사했다. 정국은 노래와 춤, 랩 등 가수로서의 재능뿐만 아니라, 그림과 운동에도 탁월한 재능을 지닌 만능 엔터테이너로, '황금 막내'라는 별명을 가지고 있다. BTS에서의 역할은 강한 체력을 기반으로 한 파워풀한 댄스와 매력적인 고음을 자랑하는 메인 보컬이다. 영어, 중국어, 일본어, 베트남어로 노래를 부를 수 있고, 2021년 9월 1일 자신의 생일에 팬들이 적어준 댓글에 즉석에서 〈For Army〉라는 곡을 만들 수 있을 만큼 천재적인 작곡 실력도 갖추고 있다.

'김남준, 김석진, 민윤기, 정호석, 박지민, 김태형, 전정국, 'BTS'
'김남준, 김석진, 민윤기, 정호석, 박지민, 김태형, 전정국, 'BTS'

수많은 아미들은 아미 봉을 흔들며 BTS 멤버들의 이름을 외우는 챈트를 마치 주문처럼 외운다. BTS와 멤버들의 이름을 부르는 일은 마치 '윙가디온레비오싸', '수리수리 마수리' 같은 마법의 주문 같다. 공연으로 체력이 소진된 멤버들은 아미들이 자신들의 이름을 부르는 챈트를 들으면 새 힘이 솟아난다고 말한다. 김춘수 시인의 시, 〈꽃〉에서 누군가 나의 이름을 불러주는 호명(呼名) 행위가 자신도 그의 꽃이 되고 싶게 만드는 것처럼, 누군가 나의 이름을 불러주는 일은 호명자와 나의 관계를 특별하게 만든다. 아미가 멤버들의 이름을 불러줄 때, 2시간이 넘는 공연에서 다소 지친 BTS는 새 힘과 전율을 느낀다. 수십억의 인구가 살아가는 세상에서, 누군가 나를 알아보고 이름을 불러준다는 것은 정말 감동적인 일이다.

그가 나의 이름을 불러주었을 때
나는 그에게로 가서 꽃이 된다,
누가 나의 이름을 불러다오.
그에게로 가서 나도
그의 꽃이 되고 싶다.

김춘수의 〈꽃〉중에서

이름을 부르는 행위는 나와 타자의 관계를 형성한다. 꽃은 슬픔의 자리와 기쁨의 자리를 가리지 않고, 사람들의 곁에서 빛깔과 향기로 위로를 전한다. 꽃은 슬퍼하는 사람들의 곁에서 향기와 빛깔로 조용히 자리를 지킨다. 꽃은 기뻐하는 사람들의 잔치에 참여해서 즐거움을 배가시킨다. 사랑하는 연인의 결혼식, 입학식, 졸업식에도 꽃은 사람들과 함께 축하의 자리에 동행한다. 꽃은 꽃을 들고 있는 사람의 손을 아름답게 한다. 꽃은 꽃을 바라보는 사람들의 눈과 마음을 정화한다. 꽃은 빛깔로 한 번, 향기로 두 번 기쁨과 행복을 선사한다.

BTS는 전 세계인의 꽃 같은 존재로 비행기를 타고 축제의 자리에 도착했다. 기쁨의 자리에서 기쁨을 배가시키고, 슬픔이 있는 곳에 위로와 희망의 노래로 팬들을 치유했다. 멋진 의상과 화려한 무대, 고운 빛깔과 자태, BTS의 공연과 매력에 취한 아미들은 그들의 이름을 불러주며 응원의 찬가로 화답했다.

'김남준, 김석진, 민윤기, 정호석, 박지민, 김태형, 전정국, BTS'

내 이름을 해석해보면, 은숙(恩淑)의 은(恩)은 명사로 '은혜', 형용사로는 '은혜롭다'는 의미이고, 숙(淑)은 형용사로 '맑고 깊다', '착하다'는 의미로, '요조숙녀(窈窕淑女)', '기남숙녀(奇男淑女)' 같은 성어에 사용한다. BTS의 음악은 나 자신을 소중히 여기라고 말해주고, 또 아내, 엄마로 자주 불리던 나의 이름을 질문했다. 중년에 접어들어 잠시 잊고 지내던 나, 그리고 내 청춘의 꿈을 돌아보게 만들었다. 젊은 아이돌 가수들의 목소리가 담긴 노래는 마치 인생 경험이 많은 어르신의 말씀처럼 지혜로웠고, 지천명(知天命)의 나이인 나를 각성(覺醒)하게 할 만큼 성숙했다. 아무 것도 늦지 않았다고 다시 시작하면 된다고 응원해주었다.

이 글을 읽고 계신 당신의 이름은 무엇인가요? 당신이 이 세상에 태어난 기쁨에 부모님께서 지어주신 이름의 의미를 생각해보길 바랍니다. 이 글이 당신이 가장 좋아하는 일과 꿈을 찾아 다시 정진하는 데 도움이 되길 바랍니다. 꽃피고 새싹이 움트는 인생의 아름다운 봄, 청춘(青春), 그 사랑스러운 시절에 어울리는 곱디고운 경험과 추억을 쌓으러 다니세요. 타인의 꿈과 강요가 아닌 자신이 좋아하는 분야에서 꿈을 성취하고 자기 인생의 정상에 오르시기를 응원합니다.

1.2. BTS와 상상을 초월한 꿈의 확장

BTS는 20대 초반 자신의 꿈을 찾았다. 맏형인 진이 21살, 막내인 정국은 고등학교를 졸업하기 전인 17살에 BTS로 데뷔했다. BTS가 데뷔한 2013년부터 2022년까지 9년 동안 음악으로 자신들만의 이야기를 만들어가고 있다. BTS는 천재적 영감과 노력으로 한국을 넘어서 전 세계인의 음악과 축제를 주도하는 현대판 디오니소스(Dyonisus)로 거듭났다.

BTS의 〈디오니소스〉는 자신의 길인 예술에 심취해 연습을 거듭하며, 전 세계 곳곳에서 파티를 주도하는 예술가의 삶과 애환을 담고 있다. BTS는 데뷔 전까지 전혀 파티와 술에 취하지 않고, 매일 노래와 안무를 연습하는 예술과 창작에 몰두했다. BTS에게 음악은 〈디오니소스〉의 가사처럼 '시대의 호통, 창작의 고통, 자신과 소통'하는 매개체가 된다. 사람들은 모두 자신을 표현하는 다양한 기제를 가지고 있다. 작가는 글로, 미술가는 그림으로, 교사는 가르치는 일로, 요리연구가는 다양한 요리로 사람들과 관계를 맺는다. 유튜버는 대상의 흥미와 관심사를 영상으로 만들어 이용자들에게 제공하고, 건축가는 건물과 도로를 지어 사람들에게 제공한다. BTS는 20대 초반 아이돌 그룹으로서 연습생의 시절을 견뎌내고, 마침내 프로 예술가인 축제의 신, 〈디오니소스〉로 거듭났다.

인류의 이야기가 기록되기 이전의 시대를 선사(先史)시대, 기록된 이후를 역사(歷史)시대라고 부른다. 역사시대는 조상들이 구전이나 설화로 전래된 이야기를 후대에 전하기 위해서, 벽화, 지점토, 파피루스, 동물의 가죽, 거북이의 등껍질, 그리고 종이에 기록하기 시작한 시대이다. 역사 이래로 인류 역사상 최고의 베스트셀러는 바로 이스라엘 민족의 역사를 담은 성경이다.

성경에는 인물의 이름이 바뀌는 사건이 기록으로 남아있다. 하나님이 믿음의 분량과 신분이 달라진 경우에 인물의 이름을 바꿔주신 일이 있었다. 하나님은 믿음의 조상, '아브람(Abram)'을 '아브라함(Abraham)'으로 바꾸시거나, 그의 아내 이름 '사래'를 '사라'로 바꾸셨다.[4]

---

4 아브람(אַבְרָם)은 '큰아버지'를 의미하고, 아브라함(אַבְרָהָם)은 '열국의 아버지'를 의미한다. 사래(שָׂרַי)는 한 집안의 어머니를 의미하고, 사라(שָׂרָה)는 '공주', '한 나라의 황후'를 뜻한다.

창세기 37장-45장에는 요셉(Joseph)[5]의 이야기가 나온다. 요셉은 야곱과 라헬의 아들로 태어나서 부모님의 총애를 받았다. 어린 요셉은 꿈에서 해와 달과 11개의 별이 자신에게 절하는 꿈을 꾸었다. 요셉의 꿈 이야기를 들은 아버지 야곱은 그 꿈을 마음에 두었다. 어느 날, 이집트의 왕 파라오가 이상한 꿈을 꾸었다. 잠자리가 뒤숭숭했던 파라오는 신하들에게 자신의 꿈을 해석할 사람이 있는가를 물었다. 술 맡은 관원장은 자신의 출옥을 예언했던 요셉을 기억해냈다. 왕 앞에 나선 요셉은 왕의 꿈이 앞으로 이집트에 닥칠 7년의 풍년과 7년의 흉년을 의미하고, 7년 동안 곡식을 잘 저장해서 흉년을 대비해야 한다고 설명했다. 그의 말대로, 7년 후에 흉년이 시작되었고 애굽은 7년간 모아둔 곡식으로 어려운 시기를 미리 대비할 수 있었다. 하나님이 주신 꿈을 간직하고 꿈을 해석하는 능력을 타인을 위해 기꺼이 사용한 요셉(B.C.1335-1445)은 마침내 이집트에서 국무총리의 자리에 임명되었다. 요셉은 이집트의 흉년을 미리 대비했을 뿐만 아니라, 고국이 흉년이 들어 어려운 시기에 처했을 때 아버지와 형제들을 찾아가 식량과 재물을 나눠주는 영웅이 되었다. 요셉(Joseph)

---

5 요셉은 첫째 부인인 레아가 낳은 10명의 이복형들이 자신을 질투했지만, 끝까지 하나님이 주신 꿈을 잊지 않았다. 요셉은 야곱이 사랑하는 여인이었던 라헬이 낳은 첫째 아들로, 형제들의 시샘으로 생매장될 위기를 간신히 벗어나서 애굽의 노예로 팔려 간다. 요셉은 이국땅에서도 하늘을 향한 믿음과 어린 시절의 꿈을 기억하며 성실하게 일상을 이어갔다. 요셉은 꿈을 해석하는 특별한 재주가 있었다. 그는 억울한 누명을 쓰고 감옥에 갇혔지만, 감옥에서 술 맡은 관원장과 빵 맡은 관원장을 만나게 된다. 하루는 두 관원장이 꿈을 꾸었는데, 꿈의 의미를 도저히 알 수가 없다며 요셉에게 해몽을 부탁했다. 요셉은 술 맡은 관원장의 꿈은 관직에 복귀하는 예표라고 해석해 주었다. 요셉의 말대로 술 맡은 관원장은 출옥해서 복직의 기쁨을 누렸다.

은 애굽의 총리가 되면서 애굽 왕 파라오가 그의 이름을 '사브낫바네아'로 바꾸어주었다.(창세기 41장 45절), '사브낫바네아는 '세상의 구원자'라는 의미이다. 신약에서 예수는 수제자인 '시몬(Simon)'의 이름을 '베드로(Peter)'로 바꿔주셨다. 베드로는 바위를 뜻하는데, 베드로가 믿음의 반석이 될 만큼 신앙이 공고해졌기 때문이었다.

이름을 바꾸는 개명(改名)은 구약 시대에는 하나님과 이집트의 왕이 실행했고, 신약에서는 예수께서 제자들의 이름을 바꿔주셨다. 과거에는 신권과 맞먹는 권력자가 신분과 영향력에 따라 개인의 이름을 바꿔주는 일이 있었다. 그런 면에서 이름을 바꾸는 개명은 권력자와의 갈등이 해소되고, 개명자의 역량이 확대되는 기념비적인 사건이었다고 볼 수 있다.

BTS 멤버들은 일찌감치 고향을 떠나 서울에서 아이돌 연습생으로서 사회생활을 시작했다. 부모가 지어준 이름에서 방탄소년단 멤버로서의 이름을 스스로 지었다. 가정에서 지어준 이름, 김남준, 김석진, 민윤기, 정호석, 박지민, 김태형, 전정국을 '알엠(RM)', '진(Jin)', '슈가(Suga)', '제이홉(Jhope)', '지민(Jimin)', '뷔(V)', '정국(Jungkook)'이라는 BTS의 예명으로 바꿨다. BTS는 아이돌이 된 후, 훈련을 거쳐서 완벽한 안무와 퍼포먼스를 연출하는 예술가로 거듭났다. 무대 공연뿐만 아니라, BTS는 자신들의 노래 대부분의 작사와 작곡, 감독과 제작 과정에도 직접 참여한다. 2013년 데뷔부터 2021년 앨범 《Be》, 그리고 9년간의 앨범에서 BTS가 엄선한 노래를 모은 2022년 《Proof》까지 멤버들은 자신들의 생각을 담은 앨범을 발매했다.

현재 한국과 해외에서 광고와 공연의 섭외 1순위는 단연코 BTS다. BTS는 이미 맥도날드 버거, 코웨이 정수기 광고에 출연했고, 제임스 코든(James Corden)과 그라함 노튼(Graham Norton)이 진행하는 미국 유명 토크쇼에 출연하기도 했다. 최근에는 7명의 범 사냥꾼의 운명을 다룬 웹툰 착호(Chakho)가 2022년 1월 15일부터 네이버 웹툰에 연재되고 있다. 착호는 BTS 멤버들을 캐릭터로 한 7명의 주인공이 도시를 재앙으로 몰아가는 범을 사냥하는 이야기이다. BTS는 이제 만화와 시, 동화 그리고 광고와 드라마의 주인공이 되는 연예인일 뿐만 아니라, 세 차례나 유엔 총회에서 연설한 젊은 세대들의 리더 역할을 감당하고 있다. 현재 한국 온라인과 SNS에서는 BTS에 관한 서적, 이모티콘, 상품, 게임이 개발되고, 그들과 관련한 전설적인 기록들이 거의 매일 업데이트되고 있다.

BTS의 공연 티켓은 접속과 동시에 순식간에 매진된다. 코로나 상황에도 BTS의 공연은 어김없이 성황을 이루었다. 2021년 11월과 12월에 진행된 미국 LA 소파이 스타디움(Sofi stadium)에서 진행된 4일간의 공연은 전 좌석이 순식간에 매진되었다. BTS 멤버가 아미를 생각하며 디자인한 잠옷, 가방, 목걸이 등은 위버스(Weverse)샵에서 단시간에 품절되었다. BTS의 음악은 스포티파이(Spotify), 유튜브, 아이튠즈(ITunes)[6]에서 수많은 재생 횟수를 기록하며 매일 자신들의 기록을 갱신하고 있다. 인스타그램(Instagram)에 가입 후, 멤버 전체의 팔로워 수가 단시간에 3억을 넘어섰다. BTS는 이처럼 다방면에서 단시간에 경이로운 대기록을 세우고 있다. 가히 'BTS 현상'이라고 불릴만한 전설적 보이그룹의 위상을 떨치고 있다. 여전히 인생의 황금기를 보내고 있는 BTS의 확장된 꿈과 사랑은 어떻게 전개될지 앞으로의 행보도 귀추가 주목된다. 요셉의 아버지 야곱이 어린 요셉의 꿈을 마음에 두었듯이, 엄마인 아미가 BTS의 앞날을 축복하며 그들의 꿈과 행보를 응원한다.

1.3. BTS의 대부 - 방시혁, 빅히트 대표

방시혁 대표는 서울대 미학과에 재학 당시, 1995년 유재하 음악 경연 대회에서 동상을 수상하면서 연예계에 입문했다. 초기에는 JYP 엔터테인먼트에서 프로듀서(PD)로 활동하며, 특유의 애절한 감성을 담은 히트곡들을 내놓았다. 그는 약 400여 곡의 대중가요를 작곡했고, 수많은 가수들이 방 대표의 노래로 인기를 누렸다. 2000년대 대중가요를 리드했던 수많은 기라성 같은

6 아이튠즈는 애플(Apple)사의 아이패드, 아이폰, 애플 TV에 설치해서 음악과 미디어를 저장하기 위한 관리 프로그램이다.

가수들이 방 피디가 작곡한 노래를 불렀다.[7] 특히 그룹 지오디(god)와 원더걸스(Wondergirsl)의 노래가 크게 히트하면서, 방시혁 피디는 '히트맨(Hitman)'이라는 별명을 갖게 되었다.

BTS를 배출한 '빅히트 엔터테인먼트(Bighit entertainment)'는 2005년 2월 1일 작곡가 겸 프로듀서인 방시혁 대표가 설립한 기획사였다. 방시혁 대표는 2010년 9월 포털사이트 다음(Daum)과 함께 힙합 그룹 방탄소년단의 새 멤버를 모집하는 오디션을 '힛잇(Hit It)'이라는 타이틀로 진행했다. 수많은 연습생들의 자유로운 경합이 이뤄진 가운데, 고등학생 래퍼로 발탁되었던 알엠을 중심으로 7명의 방탄소년단 멤버가 결성되었다. 방시혁 대표는 멤버들 각자가 아티스트로 성장할 재능과 잠재력을 발견해주고, 전문가로 발전할 무한한 가능성을 믿어준 진정한 멘토였다.

방 대표는 방탄소년단이 그저 타인의 곡을 받아서 아무런 감정없이 노래하는 앵무새가 되기를 원하지 않았다. 방 대표는 방탄소년단에 대한 확실한 비전이 있었다. 방 대표의 비전은 방탄소년(防彈少年團)단이 자신들과 함께 살아가는 동 세대가 경험할 총알만큼 위험한 위협들과 고통을 미리 막아내고, 편견과 차별에 맞서 싸우며 세대를 대표해서 의견을 자유롭게 표현하길 바

[7] 방시혁 대표가 제작한 노래를 부른 가수로는 2AM, 김건모, 김조한, 김현성, 김동완, 길건, 노을, god, 양현양하, 방탄소년단, 여자친구, 박진영, 박지윤, 보아, 비스트, 백지영, 별, 비, 성시경, 옴므, 에이트, 이현, 임정희, 장근석, 조성모, 케이윌, 하동균, 이승기 등이 있다.

랐다. 그는 방탄소년단이 잠시 대중의 관심을 받고 해체되는 아이돌이 되기를 원하지 않았다. 대신에 방탄소년단이 음악을 통해 현시대의 아픔을 공감하고 위로하는 진정한 예술가로 성장하는 원대한 포부를 가지고 있었다.

방시혁 대표는 BTS에게 자율과 책임을 동시에 주고 예술가로 성장할 수 있는 교육과 투자의 기회를 제공했다. BTS의 성장을 위해 최고의 전문가를 영입하고 투자를 아끼지 않았다. BTS를 세계적인 음악 그룹으로 만든 방 대표는 한류 문화 확산에 기여한 공로로 2017년 대한민국 콘텐츠 대상에서 대통령 표창을 받았다. 또한 2018년 5월 미국 빌보드가 발표한 세계 음악시장을 움직이는 International Power Players 73인 가운데 음악 제작 부문 '파워 플레이어'로 선정됐다.[8] BTS의 성공과 더불어 방시혁 대표는 자신이 졸업한 서울대에서 2022년 봄날, 경영학 명예박사학위를 받았다.

1.4. 세대의 위험을 막아내는 방탄소년단

멤버들은 BTS에서 주요 역할이 있다. 초기 활동에서 RM과 슈가는 랩과 작사, 지민과 제이홉은 춤, 뷔와 정국은 보컬, 진은 보컬과 비쥬얼을 담당했었다. 하지만 멤버들은 각자의 역할이외에도 10시간이 넘는 노래와 안무 연습을 통해 자신만의 개성을 담

[8] 김정수(2018:814) 참고.

은 보컬을 완성하고, 무대를 화려하게 수놓는 완벽한 안무를 완성했다. 그들은 예술가의 꿈을 향해 노래, 춤, 랩, 작사와 작곡 같은 제작에 필요한 실력까지 쌓았다. 멤버들은 방시혁 대표의 기대에 따라 자신들의 감정과 생각을 담은 자작곡을 만들고 프로듀싱에도 참여했다. BTS는 천재적 영감과 밤샘 작업을 마다하지 않는 부단한 노력으로 아이돌에서 예술가로 신속히 도약했다. 그들은 음악으로 세상의 위험을 막아내는 시대의 메신저이자 음악 히어로의 역할을 훌륭히 감당하고 있다.

BTS는 구성 초기부터 동 세대들이 고민하는 젊음, 방황, 가난, 절망, 불안, 거짓 사랑과 같은 문제들을 미리 막아내겠다고 선언했다. BTS는 인권의 사각지대에 있는 어린이와 소수자의 권리를 옹호한다. 자신을 책임지기엔 아직 어린 세대의 인권을 보호하고, 마음의 높이를 약자에게 맞추는 일에 앞장서고 있다. 〈We're bullet proof pt.1,2와 eternal〉 세 곡에서 편견과 차별에 갇혀있는 사람들을 지키고 세상을 정의롭고 공평하게 만드는 음악적 세계관을 끝까지 견지하기로 선언했었다. 그리고 마침내 자신들이 음악을 통해 세상을 선도한 9년간의 증명의 역사를 《Proof》를 통해 보여주었다.

1.5. 현상을 초월한 긍정의 메신저

그레이엄 노턴(Graham Norton)이 진행하는 토크쇼에서 노턴이 'BTS'가 무슨 의미인가를 질문했다. 맏형인 진은 BTS가 한국어로는 방탄소년단(Bulletproof Boy Scout)이고, 영어로는 'Beyond the scene' 즉 '현상을 초월한다'는 의미라고 대답했다.

BTS의 첫 번째 의미는 세상을 위협하는 위험요소를 막아내는 소년단을 뜻한다. BTS의 두 번째 의미는 'Beyond the scene'으로 현상을 초월한다는 뜻이다. 방탄소년단은 음악으로 현세대에 닥칠 위험 요소를 미리 예방하고, 눈에 보이는 현상과 문제를 넘어선 초월적 세상을 보여주겠다고 약속한다. 답답한 현실에는 문제를 해결할 대안을 제시하고, 현상을 초월한 과거 혹은 미래 시간으로 이동한다. 팬들은 BTS의 노래와 공연을 보며, 그 속에 담긴 예방과 초월의 메시지를 찾아낸다.

BTS는 음반 발매 초기, 높은 헤르츠의 소리를 내서 자신의 음악을 이해하는 팬들이 있을까를 걱정했었다. 바다와 같이 넓은 망망대해 한가운데 칭찬받고 싶은 외로운 고래가 있었다. 그들은 너무 높은 헤르츠의 음파를 내는 고래(Whale)나 외계인(Alien) 같은 자신들을 웨일리언(Whalien)으로 표현했다. 하지만 〈Whalien 52〉를 외롭게 부르던 7명의 천재들은 이제 더 이상 외롭지 않다. 이미 그들의 음악을 이해하고 따르는 사람들이 너무나 많아졌기 때문이다. 혼자라고 생각했지만, BTS와 같은 생각을 하는 사람들이 BTS의 손을 잡기 시작했고, 선하고 올바른 생각을 가진 사람들이 너무나 많았다. BTS의 리더십과 역할을 응원하는 팬덤은 한국을 넘어 전 세계로 확장되면서 서로 공감하고 세상을 아름다운 곳으로 만들기 위해 서로의 힘을 연대하고 있다. 방탄소년단은 음악을 통한 선한 영향력으로 코로나라는 어두운 터널을 통과 중인 현시대를 위해 희망의 빛을 밝게 비춰주고 있다.

1.6. BTS를 상징하는 색상과 로고

BTS를 상징하는 로고는 열린 두 개의 문 하단에 BTS 글자가 새겨있다. 로고의 색상은 BTS가 데뷔한 연도인 '2013', 그리고 데뷔 날짜인 6월 13일을 합성한 색상 번호 #130613으로 검정색이다.

<BTS와 아미의 로고>

1기 공식 팬클럽 '아미(ARMY)'는 2014년 3월 29일 BTS 팬 미팅을 통해 처음으로 창단했다. BTS와 팬덤 아미의 초기 로고는 복잡한 방탄조끼 모양이었지만, 점차 현재의 모습으로 단순해졌다. BTS의 초기 공연 무대에는 방탄조끼 모양의 BTS 로고가 등

장하곤 한다. 아미의 로고는 방탄조끼 모양으로, 방탄소년단을 보호하고 BTS와 항상 동행한다는 의미를 담고 있다.

BTS를 상징하는 색상은 보라색이다. 보라색은 희망과 약속을 상징하는 무지개의 일곱 번째 색상이다. 무지개는 과학적으로 빛의 반사와 굴절이 하늘의 수증기와 맞닿아 일어나는 현상이다. 해가 있으면 공기 중의 수증기가 빛에 반사되어 무지개가 생기는 현상 때문에, 사람들은 비가 내린 뒤 하늘에 무지개를 보면 비가 그칠 것을 예상하며 안심하세 된다.

〈BTS를 상징하는 보라색〉

보라색은 무지개의 일곱 번째 색상으로, 청색과 홍색을 혼합한 중간색이다. 색상의 의미를 분석해보면 정치, 인종, 국적에 상관없이 조화와 화합을 상징한다. 알엠은 2018년 유엔 연설에서 인종, 성별, 국적에 상관없이 모두가 자신의 이름을 말하고, 자신의 목소리를 내라고 강조했다. 그는 BTS의 리더이자 21세기 젊은 이들의 리더로서, 생명의 소중함을 강조하고 차별과 불평등을 넘어서 지구촌의 공존과 상생을 주장했다. 사람들에게 승자와 패자가 아닌, 서로의 존재 의미와 가치를 인정하는 공평한 세상의 도래를 촉구했다. 2019년 6월 BTS의 'Love yourself, Speak yourself' 공연이 펼쳐졌다. BTS는 영국 웸블리 경기장에서 공연한 한국의 최초의 아이돌이 되었다. 영국은 BTS의 공연을 환영하는 의미로, 웸블리 스타다움과 타워브리지까지 보라색 조명으로 환하게 밝혀주었다. 영국 아미들을 위해 BTS가 불렀던 마지막 노래는 바로 〈소우주(Mikrokosmos〉였다. 〈소우주〉에서 어두운 밤이 밝게 빛나는 이유를 서로의 빛이 되어주는 70억의 세계인들 덕분이라고 말한다. 사람들 모두의 소중함을 일깨운 젊은 리더들의 음악은 세상을 각성시키고 변화를 유도하는 강력한 메시지를 전달했다.

역사적으로 퀸(Queen)과 비틀즈(Beatles)가 공연을 펼쳤던 영국의 웸블리(Wembley) 경기장은 세기의 젊은이들의 꿈과 시대의 정신을 대표하는 밴드 퀸(Queen)과 비틀즈(Beatles), 그리고 21세기 아이콘인 BTS를 연결한 역사적 장소가 되었다.

2

BTS와의 시간여행

BTS와의 시간여행

BTS와의 시간여행

2.1. 방탄소년단의 데뷔
2.2. 방탄소년단의 힙합 멘토
2.3. 방탄소년단 9년간의 활약상
2.4. 사회적 이슈를 담은 노래들
2.5. BTS의 공개된 일기장, 추억의 앨범들
2.6. 최고의 제작진을 영입한 빅히트

● ● ●

2.1. 방탄소년단의 데뷔

방탄소년단의 리더 알엠은 2010년 가수 슬리피의 추천으로 빅히트에 처음으로 영입되었다. 그는 어릴 때부터 영어에 친숙한 환경에서 성장했다. 온 가족이 CNN과 BBC 뉴스를 시청하고, 12살 때는 뉴질랜드에서 4개월간 체류하며 영어를 자연스럽게 익혔다. 알엠의 영어 선생은 어머니가 선물한 미국 드라마 '프렌즈(friends)'였다. 그는 드라마 속 주인공의 대사로 생생한 영어를 익히고, 미국 아티스트들의 팝과 랩 가사를 외우면서 영어를 공부했다.

알엠은 홍대에서 힙합 음악을 하며, 런치 란다(Runch Randa)라는 예명의 래퍼로 활동했었다. 당시 '대남협'이라는 크루를 결성해서 키도(Kido), 아이언, 나중에 BTS의 프로듀서가 된 슈프림 보이(Supreme Boi), 그리고 '아무 노래'로 유명한 지코(Zico)와도 함께 활동했다. 2010년 힙합 언더그라운드 크루 오디션에 참여한 남준을 보고 슬리피가 실력 있는 래퍼라며, 빅히트에 추천했다. 알엠은 섹시 브레인(Sexy brain)이라는 별명대로 당시 학교 성적 상위 1%, 전국 석차 5,000등 이내에 드는 수재였다. 하지만 알엠은 래퍼로서 1등이 되기를 바랐다. 그는 어머니에게 "랩으로 1등을 하는 아들을 원하시는지, 아니면 공부로 5,000등 하는 아들을 원하시는가?"를 물었다고 한다. 아들의 재능과 선택을 신뢰한 부모는 흔쾌히 알엠의 가수 활동을 허락했다.

알엠은 2010년 빅히트에 입사해서 BTS의 첫 멤버가 되었다.[9] 방 대표는 알엠을 중심으로 '힛잇(Hitit)'오디션과 합숙 훈련을 통해 BTS 멤버를 순차적으로 선발했다. 2011년 대구에서 슈가와 기획사에 먼저 들어왔던 정호석(J-hope)이 멤버로 확정되었다. 2012년 정국, 태형, 그리고 석진이 오디션을 통해 합류했고, 2012년 초여름, 지민이 마지막 멤버로 오디션을 통과했다.[10] 2012년 12월 17일 유튜브 채널이 개설되었고, 방탄소년단의 최초 콘텐츠가 공개되었다. 알엠이 카니예 웨스트(Kanye West)의 'Power'를 부른 후, '방탄룸 소개'에서 진이 카메오로 등장했다.[11]

2013년 1월 유튜브에서 기존의 평가 위주의 학교와 잘못된 교

---

[9] 아드리안 베슬리(Adrian Besley)(2019:38-41) 참고.

[10] 아드리안 베슬리(2019:13) 참고.

[11] 아드리안 베슬리(2019:17) 참고.

육 체계의 슬픔을 담은 〈School of tears〉을 알엠, 진, 슈가가 함께 불렀다. 등수로 학생들의 순위를 정하는 개성이 무시된 획일적인 평가의 잣대를 지적한 것일 테다. 어쩌면 학교는 사회의 축소판이자 연습장이다. 학생이 학교 커리큘럼 가운데 자신의 능력과 관심을 발견하면서 미래의 역할을 준비하는 자기 발견과 배움의 교육장이다. 또한 학교는 아동과 청소년들에게 배움의 기회를 공평하게 제공하는 교육 기관으로서의 근본 취지에 부합해야 한다. 물론 학생들의 입장에서는 울타리와 같은 학교가 답답하게 느껴지겠지만, 고등 교육의 기회는 학생의 의무이자 권리이다. 학교는 학생 개인의 개성과 재능이라는 다양성이 인정되는 열린 교육을 지향해야 할 것이다.

2013년 2월 당시 17살인 정국이 첫 브이로그에서 부산에 있는 가족을 그리워하며 방송을 했다. 첫 방송에서 앳된 얼굴의 정국, 지민, 제이홉이 학교로부터의 해방감을 경쾌한 리듬의 〈졸업〉을 불렀다. 〈졸업〉은 제이홉과 프로듀서인 슈프림 보이(Supreme Boi)가 졸업생들의 해방감을 노래로 표현한 곡이다. 영상에는 교복을 입은 귀여운 세 멤버와 사복을 입고 농구를 즐기는 모습이 교차되고, 학교로부터 해방된 기쁨을 노래했다. 졸업과 동시에 일찌감치 자신의 꿈을 좇아간 멤버들은 10시간이 넘는 안무를 연습하고 음식을 직접 만들며 또래들 보다 빨리 스스로를 책임지는 조숙한 어른 아이로 성장하고 있었다.

드디어 2013년 6월 12일 청담 일지아트홀에서 방탄소년단 데뷔 쇼 케이스가 열렸다. 공식적으로 데뷔한 음악 방송은 6월 13일 엠카운트다운(Mcountdown)과 뮤직뱅크(Music Bank)였다. 데뷔 첫 무대에서 BTS는 힙합 전사들처럼 검정색 의상과 선글라스, 스모키 화장, 그리고 화려한 금장색 액세서리와 두건으로 장식했다. 음악 장르는 힙합, 컨셉은 아이돌인 BTS는 꿈을 향해 전진하겠다는 선언문과 같은 〈No more dream〉을 불렀다. 이들의 데뷔 무대는 자신의 꿈인 음악으로 세대의 아픔과 위험을 막아내겠다는 장군의 출사표만큼이나 패기가 넘쳤다. 힙합 아이돌로서의 데뷔 무대를 마치자마자, 팬클럽이 결성되고 순식간에 55,000명의 팬들이 늘어났다.[12]

2.2. 방탄소년단의 힙합 멘토

방시혁 대표는 BTS에게 힙합 정신과 안무, 창의적 예술가의 행보를 지원하기 위해 미국 현지 멘토를 만나게 해주었다. 2014년 BTS는 미국으로 날아가 힙합 멘토 쿨리오(Coolio)에게 음악을 대하는 태도와 힙합 정신을 배웠다. 쿨리오의 본명은 아티스 리언 아이비 주니어(Artis Leon Ivey Junior)이다, 쿨리오는 1996년 그래미(Grammy music award)에서 최우수 랩 솔로 퍼포먼스(Best Rap Solo Performance)상을 수상했고, 래퍼, 프로듀서, 배우로도 유명하다. 그의 대표곡으로 우리들은 인생을 폭력배

12 아드리안 베슬리(2019:22) 참고.

의 세상에서 소비한다는 내용의 〈갱스터의 천국(Gangsta's Paradise)〉이 있다. 쿨리오는 BTS에게 음악과 공연은 팬들을 위해 마치 정성껏 차려진 식탁을 같음을 알려주었다. 또한 예술가로서의 음악을 하는 목적과 이유를 알려주었다. 쿨리오는 힙합 정신과 BTS의 음악이 추구할 소명과 목표를 제시했다.

댄스 튜터인 제니 키타(Jenny Kita)는 BTS의 춤을 지도했다. 일부 멤버들은 자신들은 춤을 잘 추지 못한다는 선입견과 수줍음을 갖고 있었다. 하지만 멘토인 제니는 춤은 자신의 감정을 몸으로 표현하는 자연스런 행위로, 특정인만이 아니라 훈련과 창작을 통해 모두가 춤을 창작하고 잘 출 수 있는 잠재력이 충분하다고 격려했다. 제니의 지도로 자신감을 얻은 멤버들은 직접 안무한 댄스를 낯선 현지인들 앞에서 보여주기도 했다. 멤버들은 영화 '시스터 액터2'의 실제 주인공인 아이리스(Iris)와 워렌 G(Warren G)를 만나서, 직접 작사와 작곡을 하는 창작 훈련도 받았다. 힙합의 본고장에서 정통 힙합 정신과 창작 훈련을 받은 멤버들은 젊은 예술가로 도약하기 위한 기본기를 갖추게 되었다.

2.3. 방탄소년단 9년간의 활약상

〈We're bullet proof forever〉는 BTS가 인권의 사각지대에 있는 소수를 위해 투쟁하려는 음악적 의지와 열정을 전달한다.

BTS는 9년 동안 수많은 국내 공연과 해외 공연을 펼쳤다. BTS의 노래 〈airplane pt.1〉과 〈airplane pt.2〉는 자신들의 음악을 사랑하는 해외 아미를 위해 비행기를 타고 세계 곳곳에서 공연을 펼친 내용이 담겨 있다.

BTS는 한국에서 입지를 다진 후, 2014년 4월 중국을 방문해서 '차이나 잡(China job)'이라는 다큐멘터리를 찍고 V차트에서 신인상을 받았다. 같은 해 5월에는 〈No more dream〉의 일본어 버전을 발표하고, 5월 31일 도쿄 돔 시티에서 5,000여 명의 일본 아미를 만났다. 6월에는 모스크바 한국 문화 축제에서 댄스 경연 대회 심사위원을 맡고, 1만여 명의 팬덤 앞에서 BTS의 메들리와 전통 민요 〈아리랑〉을 펑크 버전으로 불렀다. 데뷔 1주년 후 'BTS FESTA'라는 이름으로 그동안의 활약상을 담은 사진, 댄스 비디오, 토크쇼를 공개했다.

2014년 7월 여름, BTS는 유럽으로 향했다. 우선 독일 베를린과 스톡홀름에서 쇼케이스와 팬 미팅을 가졌다.[13] 8월에는 브라질의 열정적인 아미들을 만났다. 데뷔한 지 1년이 채 안 되었지만,

---

[13] 아드리안 베슬리(2019:50-54) 참고.

BTS는 이미 한국의 케이 팝을 대표하는 유명 아이돌로 해외에서 명성을 떨쳤다. BTS의 데뷔 후부터, 2019년까지의 국내외 활동은 영국 방송 BBC의 전기 작가 아드리안 베슬리(Adrian Besley)가 『케이팝의 아이콘 BTS』(2019:240-243)에서 일목요연하게 정리했다. 9년간의 국내외 활동을 요약하면 다음과 같다.

2014년 12월 'The Red Bullet' 해외 공연은 필리핀, 싱가포르, 태국에서 시작했다. 2015년 2월 'WAKE UP: OPEN YOUR EYES' 공연에서 BTS는 일본어로 번안한 노래를 부르며 팬들과 호흡을 맞췄다. 2015년 3월에 'BTS LIVE TRILOGY: Episode1'은 서울에서 두 차례에 걸쳐 국내 공연을 시작했다. 2015년 6월에서 8월까지 '2015 BTS LIVE TRILOGY: Episode 2 The Red Bullet' 순회공연은 말레이시아, 호주, 미국, 멕시코, 브라질, 칠레, 태국, 홍콩 지역에서 모두 12회에 걸쳐 연출했다.[14] 2015년 칠레 '무비스타 아레나'에서 첫 공연을 가졌다. 2017년 두 번째로 칠레에 방문했을 때, 공항과 숙소, 콘서트 장에 몰려든 열정적인 칠레 아미들을 만났다.

2016년 '화양연화 On stage'공연이 1월 24일 서울에서 시작됐고, 3월 22일과 23일 일본에서 '화양연화' 공연이 펼쳐졌다. 6월부터 8월에는 대만, 마카오, 중국, 일본, 필리핀, 태국에서 모두 12

---

[14] 아드리안 베슬리(2019:241) 참고.

번의 공연이 있었다.

2017년 3월 23일 뉴욕과 4월 1일 캘리포니아의 애너하임(Anaheim) 콘서트 티켓은 1시간 만에 모두 매진되었다. 시카고 공연이 즉석에서 추가되고 순식간에 6만 석의 표가 매진되었다.[15] BTS의 완벽한 군무와 에너지 넘치는 무대는 미국 팬들을 매료시켰고, 팬들은 BTS의 노래와 랩을 따라 부르면서 아미 봉과 핸드폰으로 무지개를 연출했다. 미국 공연 후, BTS는 아시아의 태국, 인도네시아, 필리핀, 홍콩에서 콘서트를 가졌다.

2017년 5월 21일 미국 라스베이거스의 빌보드 뮤직 어워드(Billboard music awards: 이하 BBMAs)에서 '최고의 소셜 아티스트상'을 받았다. 당시 멤버들은 할시(Halsey), 체인스모커스(Chainsmokers)를 만났고, 배우 앤셀 엘고트(Ansel Elgort)와 로라 마라노(Laura Marano) 같은 미국의 유명 스타들도 BTS의 팬이라고 밝혔다.

2017년 'The WINGS Tour'가 서울을 시작으로 칠레, 브라질을 포함한 12개국에서 진행되었다. 2017년 5월 26일 호주 시드니에서 열린 'Wings' 투어는 호주의 아름다운 자연과 아미들의 사랑 속에 첫 공연이었던 'Red bullet 투어'보다 6배 넓은 공연장에서 연출되었다.

---

15 아드리안 베슬리(2019:188-191) 참고.

2018년 8월 25일 서울에서 'Love yourself' 공연을 시작으로, 미국, 캐나다, 영국, 네덜란드, 독일, 프랑스에서 공연이 있었다. 2019년 'Love yourself' 공연이 1월 일본 나고야와 싱가포르를 시작으로, 2월에는 일본 후쿠오카, 3월에는 홍콩, 4월에는 태국에서 펼쳐졌다. 5월부터 7월 사이에는 'Love yourself', 'Speak Yourself' 공연이 미국 로스앤젤레스, 시카고, 뉴저지, 상파울로, 런던, 프랑스 파리, 일본 오사카와 시즈오카에서 있었다.

BTS는 매해 앨범이 새로 나올 때마다 해외 팬들을 위해 비행기에 몸을 실었다. 그들이 얼마나 많은 해외 공연을 가졌는지 놀라움을 금할 수 없다. 아무리 20대 건장한 청년이지만 해외로 직접 가서 2시간이 넘는 공연에서 팬들과 춤추고 노래하는 노동 강도는 최고치라고 할 만큼 체력과 열정을 소진하게 된다. 여행이 신선한 즐거움을 주는 건 사실이지만, 나처럼 정적이고 내향형인 사람은 그들이 펼쳤던 수많은 해외 공연은 상상하기조차 어렵다.

2019년에 발생한 코로나 바이러스의 확산으로, BTS의 해외 공연이 모두 취소되고 국내 공연 일정도 잠시 쉼표를 찍었다. 할 일이 없어진 상태에서 멤버들은 여전히 팬들을 그리워하며 더욱 겸허하고 성숙해졌다. BTS는 공연이 취소된 상황에서도, 자신들의 심경과 팬들을 향한 그리움을 음악으로 창작해냈다. 2020년 11월 BTS가 코로나 상황에서 발매한 앨범 《BE》는 멤버 전원이 노래 전체를 창작하고, 앨범 기획과 뮤직비디오에도 정국을 비롯한 멤버들이 적극적으로 참여했다. 코로나로 일상이 정지된 것처럼 느껴지는 세상이지만, 모두가 살아있기를 바라는 위로와 긍정의 마음을 담아 앨범을 발표했다.

2021년 겨울, 마침내 코로나로 잠시 멈췄던 BTS의 공연이 다시 시작되었다. 미국 LA 소파이 스타디움(Sofi Stadium)에서 BTS는 11월 27일, 28일, 그리고 12월 1일과 2일 모두 4일간의 'Permission to dance on stage' 공연을 펼쳤다.

공연이 시작되자, 〈다이너마이트〉와 〈Butter〉의 뮤직비디오가 상영되고, 아미들은 흥분과 즐거움에 아미 봉을 흔들며 함성을 질렀다. 무대에서는 감옥 문이 열리면서 갇혀 있던 BTS 멤버가 탈출한다. 세상의 모든 아픔을 부숴 버릴 것처럼 웅장하고 절도 있는 북소리가 울리면서 〈On〉이 이어진다. 수많은 백댄서들이 흰 날개를 펼치고, 무대 중앙의 진을 들어 올리는 명장면을 연출한 〈블랙스완〉, 인류 모두가 행복하게 춤출 권리가 있음을 노래한 〈Permission to dance〉까지 화려한 의상과 흥겨운 퍼포먼스의 향연이 연출되었다. 넓은 공연장을 자유롭게 뛰어다니며, 70,240석의 스타디움을 가득 채운 아미들과 공연을 즐기는 멤버들의 모습은 무척이나 행복해 보였다. 초대형 스크린으로 상영된 소파이 공연은 유튜브나 위버스(Weverse)를 통해 꼭 한 번 보기를 추천한다. BTS는 유창한 영어로 공연을 이어가며 넓은 무대를 마음껏 뛰어다니고, 아미들은 무대 곁에서 목청껏 함성을 지르며 축제와 같은 공연을 즐겼다. 여전히 코로나 확산의 위험에 노출될 수 있는 상황이었지만, BTS와 아미는 마치 파티를 즐기는 사람들처럼 행복해 보였다. 세련된 의상에 완벽한 안무, 초대형 스크린을 통한 예술성 높은 미디어의 활용까지, 심미적 감성과 예술성이 조화를 이룬 아름다운 명장면을 연출했다.

2022년 3월 10일, 12일, 13일에 '퍼미션투댄스'(Permission to dance on stage)' 공연이 서울 잠실 주경기장에서 펼쳐졌다.[16] 서울 공연은 잠실주경기장 현장 공연과 위버스(Weverse)를 통한 라이브 콘서트로 동시에 진행되었다. 나는 집에서 아미들과 온라인으로 콘서트를 즐겼다. 현장 공연과 달리 지정된 좌석이 없는 온라인 관람석의 수용인원은 제한이 없다. 덕분에 나처럼 비활동형의 대구 시민도 BTS의 서울 공연을 거실에서 편하게 감상할 수 있었다. 코로나 상황을 고려해 팬들은 마스크를 착용하고, 함성 대신 공연 내내 박수만 칠 수 있었다. 아미들은 함성이 금지된 규정을 지키면서도, 서로를 응원하는 종이로 대형 클래퍼(Clapper)를 만들고 거대한 응원의 소리를 만들었다. 또한 라이브 공연을 즐기지 못한 국내 팬들을 위해 전국 영화관에서 퍼미션 공연 실황을 상영했다. 잠실 경기장의 퍼미션 공연은 한국 전 지역의 영화관에서 상영되었을 뿐만 아니라, 해외 75개국의 영화관에서도 동시에 상영되었다. 아이돌 그룹의 공연 실황을 영화로 상영한 일은 세계 대중음악 역사상 최초이고 이례적인 일이었다. 공연을 관

---

[16] https://youtu.be/H_-RXQqie6g에서 감상할 수 있다. 멤버들의 컨디션이 좋고, 메간과의 컬래버 팬들에게 잊을 수 없는 명장면을 연출했다.

람하지 못한 국내외 아미들은 영화관에서나마 팬덤들과 함께 BTS의 라이브 공연을 감상하며 아쉬움을 달랬다.

2.4. 사회적 이슈를 담은 노래들

BTS는 초창기에 앨범 《Skool luv affair》 처럼 학창 시절의 우정, 순수한 사랑, 꿈의 실현을 노래했다. BTS가 매번 발매하는 노래에는 청춘, 사랑, 성공, 우정을 주제로 한 자신들의 상념과 감성을 담아낸다. BTS는 이처럼 청춘의 이성적이고 당당한 목소리를 통해 세대를 대표하는 음악을 추구하고 있다. 마치 작가가 의식의 흐름을 따라 자연스럽게 쓰는 글처럼, BTS의 음악에는 청춘들의 정의감과 열정, 진정한 사랑에 대한 인생에 대한 담론이 담겨있다. 그들의 음악은 때로는 너무나 솔직하고 직선적인 감정과 언어들로 표현되곤 한다. 그들은 사랑받고 인정받고 싶은 젊은이의 열정, 그리고 진정한 사랑과 성공을 바라는 마음을 음악으로 강렬하게 쏟아낸다. 그렇다. BTS의 음악과 사랑은 전혀 조용하지 않다. 오히려 〈팔도강산〉을 뒤흔들 만큼 아주 떠들썩하고 왁자지껄하고 경쾌하다.

BTS의 음악은 학교, 젊은이들의 방황, 고민, 꿈과 같이 인생의 단계에서 갖게 되는 문제들을 정면으로 언급한다. 〈No more dream〉은 졸업 후 자신의 길인 예술가로 당당히 돌진하는 출사표이다. 〈등골브레이커〉, 〈탕진잼〉은 인생과 돈을 낭비하는 일부 청년들의 모습을 정면으로 보여주며 경각심을 준다. 혹은 아르바이트로 자신이 모은 적은 돈이라도 소비하며 스트레스를 해소할 수밖에 없는 청년들의 경제적 빈곤을 자조적으로 풍자했다고 해석할 수 있다. 뿐만 아니라, 영화, 정치적 이벤트, 역사적 사건과 같은 사회적 이슈를 소재로 삼아 자신들의 관점과 생각을 담대하게 융합해냈다.

〈Black swan〉은 영화 '블랙스완'을 모티브로 삼았다. 영화 '블랙스완'은 백조의 여왕으로 빌탁된 니나가 자신을 대신할 경쟁자를 지나치게 의식하며, 자기 분열과 환각, 환청에 시달리면서도 백조와 흑조를 완벽히 연기해내는 내용이다. BTS의 〈블랙스완〉 뮤직 비디오는 불안과 두려움의 감정은 일을 시작하기 전 생기는 그림자처럼 누구나 가질 수 있는 상태라고 노래한다. 하지만 두려움은 오히려 당당히 맞설 때, 바로 오직 자신의 일에 정진할 때 이내 사라지고 만다. 〈블랙스완〉은 BTS가 무대에 오르기 전에 자주 느끼는 두려움으로, 막상 무대로 뛰어올라 공연을 시작하면 바로 사라지는 것처럼, 주저하지 말고 자신의 일에 당당히 돌진하자는 메시지를 담고 있다.

〈쩔어(Dope)〉는 BTS가 빌보드와 각종 음악 시상식에서의 수상과 황금빛 성공에 대해 자축하며, 아이돌로 쉼 없이 달려온 자신들을 위로한다. 〈쩔어(Dope)〉는 인생의 한순간도 놓치지 않으려는 젊음의 시간표에서, 팬들도 반드시 성공하길 바라는 간절한 마음을 담았다. BTS는 무대 공연, 음악 활동, 온라인 소통

어느 하나 소홀하지 않고 정성을 기울였다. 너무하다 싶을 정도로 수많은 무대에서 열정과 에너지를 쏟아내는 공연을 연출해왔다.

BTS의 〈062518〉은 광주 민주화 운동을 다룬 노래이다. 권력에 의해 무참히 희생되고 인권이 짓밟힌 광주 민주화 운동과 희생자들을 추모하는 내용이다. 노래 제목에서 '062'는 광주의 지역번호이고, '518'은 광주 민주화 운동이 일어났던 날짜이다. 역사적 과오는 용서해야 하지만, 반드시 기억해야 한다. 슬픈 역사를 잊지 말고 기억해야 하는 이유는 억울하게 상처 입은 희생자를 추모하고 다시는 유사한 잘못을 번복하지 않기 위해서이다. 역사를 제대로 알고 공부해야 하는 이유는 단순히 비판하기 위함이 아니라, 불완전한 인간의 과오가 거듭되는 것을 예방하기 위해서이다. BTS는 이처럼 사회와 역사에 대한 주제들을 음악에 담아내는 용기를 보여주었다.

2.5. BTS의 공개된 일기장, 추억의 앨범들

일기장은 초등학교 시절 선생님께만 공개되는 매일의 숙제였다. 숙제를 제출하고 도장을 받았던 일기장은 중학생이 된 이후로도 질풍노도 같은 사춘기의 심리와 고민을 상담하는 나와의 대화의 창이 되어주었다. 나의 일기장은 나의 고민 상담소, 기도서, 미래에 대한 희망과 설렘, 우정을 고스란히 간직한 친구이자 상담자 역할을 했다.

BTS가 9년간 발매한 앨범은 《2COOL 4SKOOL》(2013년 6월 12일), 《O! RUL8,2?》(2013년 9월 11일), 《SKOOL LUV AFFAIR》(2014년 2월 12일), 《DARK&WILD》(2014년 8월 20일), 《화양연화 Pt.1》(2015년 4월 28일), 《화양연화 Pt2.》(2015년 11월 30일), 《화양연화 Young Forever》(2016년 5월 2일), 《Wings》(2016년 10월 10일), 《You never walk alone》(2017년 2월 13일), 《Love yourself 承 'Her'》(2017년 9월 18일), 《Love yourself 轉 'Tear'》(2018년 5월 18일), 《Love yourself 結 'Answer'》(2018년 8월 24일), 《MAP OF SOUL: PERSONA》(2018년 4월 12일), 《MAP OF SOUL:7》(2020년 2월 21일), 《Dynamite》(2020년 8월 21일), 《BE》(2020년 11월 20일), 《BUTTER》(2021년 5월 21일)로 모두 17개이다. 《BUTTER》는 7월9일 〈버터〉와 〈Permission to dance〉 두 곡을 넣은 버전이 추가로 발매되었다.

BTS가 9년간 발매한 17개의 앨범은 멤버들의 데뷔와 성장, 그리고 희노애락을 담고 있는 공개된 일기장 같다. BTS 앨범 하나에는 일관되게 하나의 테마를 정해서 제작한 노래들이 수록된다. 앨범은 BTS의 학교, 꿈, 진정한 사랑, 영혼의 상태, 인생에 대한 다양한 생각과 관심이 고스란히 담겨있다. 그동안 발매된 앨범과 수록곡들의 내용을 살펴보면, BTS의 음악세계와 노래에 담긴 메시지를 더 잘 이해할 수 있다.

BTS의 데뷔 초 앨범은 학교생활과 사랑에 대한 내용을 담은 《2COOL 4SKOOL》, 《O R U L8,2?》와 《Skool Luv Affair》가 있다. 아이돌 가수로 사회에 직접 뛰어들어 자신의 재능을 펼치겠다는 음악 활동의 취지를 제시했다.

20대에 접어든 멤버들은 《화양연화(花樣年華)》 시리즈, 《Map of Soul:페르소나》와 《Map of Soul:7》 시리즈를 통해 인생의 가장 꽃다운 나이인 20대를 지나며 느끼는 사랑, 꿈과 성공에 대한 가능성과 불안에 대한 심리를 묘사하였다.

앨범 《화양연화》 시리즈는 part1. part2. 그리고 young forever 세 개의 앨범이 있다. 앨범에는 젊고 화려하게 빛나는 청춘이지만, 아직 꿈을 이루지 못한 상태의 어두운 그림자를 묘사했다. 또한 BTS는 이미 성공한 기성세대와 선배인 황새를 좇아가기 버거운 〈뱁새〉와 같은 이미지로 자신들의 한계와 반항심을 표현하기도 했다. 〈웨일리언(Whailien)52〉에서는 52헤르츠의 높은 소리를 내는 웨일리언(Whailien)같은 존재이지만, 세상이 자신의 목소리를 알아줄 때까지 노래하고 칭찬받고 싶은 마음을 표현했다. 꿈, 성공, 사랑하는 소녀, 이 모두를 붙잡고 싶은 흥과 끼가 가득한 〈흥탄소년단〉인 자신들을 스스로 응원하고, 아파도 다쳐도 끝없이 꿈을 향해 더 높은 곳으로 〈이사〉하고 싶은 마음을 앨범에 담았다. 〈쩔어(Dope)〉에서는 현세대를 꿈, 사랑, 결혼, 취업 등을 포기한 3포 세대, 5포 세대로 규정하려는 부정적인 비관론을 과감히 거부한다. 오히려 밤샘 작업에 몰입할 만큼 열심히 일하고 일탈을 모르는 청춘의 멋진 열정을 노래한다. 넘어지고 다치는 상황과 절망에서도 다시 일어나 영원히 꿈을 향해 달려가겠다는 의지를 〈Young forever〉로 노래한다. 나이에 상관없이 여전히 꿈을 꾸고 있다면 우리 모두는 여전히 젊다. 늙음은 연령의 문제가 아니라, 인생을 대하는 마음의 상태이기 때문이다. 더 좋은 내일을 꿈꾸고 매일 조금씩 나아지기를 실천한다면, 여전히 젊다고 말할 수 있다. 〈Jump〉에서도 인생의 더 높은 단계로 훌쩍 뛰어오르기를 격려하는 내용이 담겨있다.

BTS는 《자기 사랑(Love yourself)》 앨범 시리즈를 통해 진정한 사랑을 찾아가는 과정을 승전결(承轉結)로 구성했다. BTS 음악에서 사랑은 자기 사랑에서 출발한다. 자기 사랑의 완성과 성취, 수많은 상을 타고 비상(飛翔)하는 단계에서, BTS는 도리어 행복과 진정한 사랑의 의미를 되새긴다. 자기애와 성공의 궤도에서 BTS가 사랑하는 대상은 자신을 더욱 강하게 해주는 강자가 아니었다. BTS의 사랑은 자신의 노래를 사랑해준 작은 자, 팬들을 향하기 시작했다. BTS와 아미는 서로에게 모든 것이다. BTS는 세계의 평화와 연애의 질서를 운운하는 피상성에는 별로 관심이 없다. 그저 사랑하는 대상이 무엇에 행복을 느끼는지가 너무나 궁금하다. 사랑하는 대상을 위해 빨리 날아 필요를 채워주는 것이 급선무다. 사랑을 시작한 사람은 세상의 그 어떤 존재보다 강해진다. 팬들을 사랑하는 BTS는 매일 더 강한 존재가 되어, 아미를 위해 음악을 만들고 세상의 소수자를 보호하기 위해 발언하기를 주저하지 않는다.

BTS의 음악 세계는 20대가 경험할 수 있는 유혹을 극복하고 날아오르는 《Wings》를 통해 새롭게 거듭난다. 《Wings》는 노벨 문학상을 수상한 헤르만 헤세(Herman Hesse)의 소설 『데미안』을 모티브로 만들었다. 새가 알을 깨고 나와 새로운 세상에 진입하듯, 모든 변화는 기존 체계와 세상을 뚫고 나오면서 시작된다. 비상은 자신이 살던 알이라는 좁은 세상과 편견을 벗어나면서부터 가능해진다. 돈, 성공, 명예가 저절로 따르는 성공 궤도에서 BTS는 자신의 영혼이 도달한 지점을 확인하기 위해, 앨범 영혼의 지도 《Map of soul》를 펼친다. 자신들의 영혼을 점검하면서, 멤버들은 〈Inner child〉처럼 어른처럼 행동하고 있지만 여전히 어린 아이 같은 순수함을 간직하고 있는 자신들을 발견한다. 또한 축제의 신인 〈디오니소스〉로 거듭난 자신들이 사랑하는 사람을 위해 모든 잘못된 것들을 바로잡겠다는 마음을 〈Make it right〉로 노래했다.

2020년 갑자기 세상을 뒤흔든 코로나 상황에서 모두가 살아있기를 바라는 간절한 마음을 앨범 《Be》, '존재하라'에 담았다. BTS는 2019년까지 국내와 해외에서 구름 위로 날아다니며 엄청난 공연 일정을 소화해냈다. 아무리 젊어서 고생은 사서라도 한다는 말이 있지만, 세계를 날아다니며 수많은 공연을 해낸 그들의 열정과 에너지는 아무리 생각해도 대단하다. 코로나 팬데믹 시기의 불황과 뜻밖의 변화는 BTS에게도 닥쳤다. 예약된 모든 공연이 취소되고 갑자기 할 일이 없어졌다. 멤버들의 공간은 일반인들처럼 고작 몇 평 남짓한 작은 방으로 축소되었다. 매 끼니 식사를 하고 별일 없이 그저 자신들의 공간에 축 처져있는 일상이 반복되었다. 전 세계를 날아다니며 화려한 파티를 이어갔던 축제의 신들은 어느새 평범한 일상을 경험하며, 더욱 겸손해진 마음을 앨범 《Be》에 담았다.

앨범 《Be》의 〈Life goes on〉에서 인생은 계속되니, 마스크를 벗고 일상을 회복할 날까지 잘 버텨달라는 진심 어린 마음을 노래했다. 갑자기 코로나가 온 세상을 공포에 몰아넣었다. 사람을 통해 전파되는 미지의 바이러스가 사랑하는 가족과 연인마저 단절시키고, 서로를 두려움의 대상으로 만들었다. 나처럼 당신도 꼼짝달싹하지 못하는 상황에서 우울하진 않을까 하는 마음에 BTS는 팬들이 걱정스럽다. 하지만 이 팬데믹이 사라지고 전염병에서 해방되는 날, 다이아몬드처럼 빛날 우리, 그리고 즐거움과 평화, 음악을 되찾는 시기가 올 테니, 제발 살아있기만을 바라는 마음이다. 다이아몬드처럼 영롱한 빛을 내며, 당신의 우울증을 치료할 엔돌핀을 듬뿍 담은 음악의 〈다이너마이트〉를 앨범 《Be》에서 터뜨렸다.

코로나를 계기로 BTS는 음악의 분위기를 획기적으로 전환시켰다. 음악적 코드를 힙합에서 발라드와 디스코와 펑크를 가미한 밝고 경쾌한 분위기로 바뀌었다. 장르의 획기적 변화는 우울한 일상을 견디는 팬들에게 새로운 에너지와 희망을 주기 위해서였다. 힙합 아이돌로 데뷔해서 악의에 찬 분노에 분개하고, 진정한 존경〈Respect〉의 의미를 물으며 강하게 저항하던 시크한 힙합 전사들은, 코로나를 계기로 밝고 긍정적인 에너지를 선물하는 디스코 아이돌로 변신했다.

멤버들은 팬데믹을 통해 오히려 삶의 매 순간과 사람을 더욱 소중히 여기는 성숙한 청년으로 변했다. 버터처럼 달콤한 사랑으로 상대를 녹이고 싶은 애교쟁이로 돌아온 앨범 《Butter》는 전 세계인의 마음을 녹여낼 만큼 충분히 사랑스러웠다. 여름처럼 뜨겁고 버터처럼 부드러운 노래 〈버터〉는 BTS를 세계 대중음악 역사상 이례적인 최정상의 아이돌로 만들었다. 〈버터〉는 빌보드 핫 100차트에서 1위를 10번, 빌보드 핫 트렌딩 송 차트(Hot trending Song chart)에서는 1위를 13번이나 차지하는 대기록을 세웠고, 기네스 월드 기록에 등재되는 전후미답의 대기록을 세웠다.

<앨범 《BUTTER》>

2022년 6월 10일에 발매된 앨범 《Proof》는 BTS가 9년 동안 발표한 주옥같은 히트곡을 선별해서, 자신들의 경이로운 음악의 역사를 요약했다. 앨범 《Proof》는 BTS의 음악가운데 대표곡들과 〈Yet to come〉, 〈달려라 방탄(Run BTS)〉, 〈For youth〉의 신곡을 포함해서 제작했다. 자신과 아미의 가장 아름다운 순간은 계속될 것이며, 팬들에 대한 절절한 그리움을 담아 자신들이 좋아하는 음악 활동을 이어가겠다는 포부를 〈Yet to come〉과 〈For youth〉에 담아 서정적인 멜로디로 표현했다.

<앨범 《PROOF》>

BTS는 자신들의 음악에서 사회 문제를 화끈하게 지적하고 문제를 막아내는 막강한 방탄소년단이 되는가 하면, 자신의 얼굴을 복사해서라도 빵을 나누고 싶은 〈앙팡맨〉이 되기도 한다. 팬데믹 같은 우울한 시기를 견디는 아미들이 절망을 느낄 때는 〈버터〉처럼 부드럽고 여름처럼 뜨겁게 사랑하는 애교쟁이로 변신한다.

BTS의 음악은 시기와 상황에 따라 공감과 위로의 정서를 담아 변신에 변신을 거듭한다. BTS는 힙합 아이돌로 데뷔했지만, 현재는 디스코와 펑크앤 소울, 발라드, 트로트까지 대중음악 장르를 넘나들며 일정한 장르에 갇혀있지 않는다. 가사의 길이도 정해진 틀에 얽매임 없이 자유롭다. BTS의 〈뭐해〉는 노래의 처음부터 끝까지 가사가 '뭐해' 한 단어이다. BTS의 노래는 사랑하고 있는 대상이 무얼 하고 있는지가 궁금한 〈뭐해〉처럼 제목이 가사의 전부인 경우가 있는가 하면, 슈가의 〈Shadow〉, 알엠의 〈Persona〉처럼 하나의 곡에 너무나 많은 이야기를 속사포처럼 쏟아내기도 한다. BTS는 일련의 예측불허한 상황마다 다양한 이슈에 대해 최적의 장르를 선택해서 음악으로 팬들에게 위로와 감동을 전한다. BTS의 언어는 때로 직설적이고 사회적 이슈를 드러내는 일까지 서슴지 않는 대범함이 배어있다. 자신과의 대화인 일기장에서 우리는 가장 진솔한 자신과 대면한다. 마찬가지로 BTS의 음악은 꿈, 사랑, 인생에 대한 표현들이 방탄 스타일대로 거침없고 솔직하다.

BTS의 앨범은 자유분방하고 변화무쌍하다. 《Make it right》처럼 앨범 하나에 〈Make it right〉 한 곡만 수록된 앨범이 있는가하면, 앨범 《Butter》처럼 〈Butter〉와 〈Permission to dance〉 두 곡이 들어있는 앨범도 있다. 한편 《Map of Soul:7》에는 하나의 앨범에 무려 20곡이 들어 있어서, 수록곡의 수도 정해진 규칙 없이 자유롭다. BTS는 잠시 동안의 인기를 누리는 아이돌 그룹이 아니라, 팬들의 곁을 든든히 지키는 푸른 소나무 같은 그룹이 되길 바란다. BTS는 앞으로도 오랫동안 팬들을 위해 음악으로 동행할 것이다.

2.6. 최고의 제작진을 영입한 빅히트

대중음악에서 '프로듀싱(Producing)'이라는 단어가 자주 등장한다. 음악에서 '프로듀싱'은 음악과 영상을 '제작'한다는 의미로 해석된다. 프로듀서(producer)는 음악을 만드는 제작자를 가리킨다. 음악의 프로듀싱은 작곡과 작사로 제작된 음악에 반주를 입히고, 가수가 녹음하는 앨범 제작 과정 전체를 가리킨다. 한편 최근 케이 팝(Korean Pop song: K-pop)의 경향은 노래와 반주로 완성된 음원과 노래에 맞는 안무, 그리고 뮤직비디오를 제작하는 영상 작업을 포함한 종합 예술의 형태로 진화해있다.

방시혁 대표는 2012년 BTS 결성 초기부터 완벽한 음반 기획을 위해 최고의 제작진을 영입했다. 음반 제작의 시작인 창작 단계에서 주제가 정해지면, 작사와 작곡 대부분은 BTS 멤버들이 참여하고 Hitman Bang(방시혁 대표), 슬로우 래빗(Slow Rabbit), 슈프림 보이(Supreme Boi), 브라더수(Brother Su), 피독(Pdogg) 등이 참여해서 곡을 완성한다. 빅히트는 현지인의 언어와 정서를 전달하기 위해서는 때때로 해외 유명 가수와 안무가, 그리고 전문 제작자를 영입하는 열린 태도를 견지하고 있다.

예를 들어, 2021년 8월 21일 발매된 〈Dynamite〉는 데이비드 스튜어트(David Stewart)와 제시카 아곰바르(Jessica Agombar)가 작사와 작곡을 맡았고, 드럼, 타악기(Percussion), 베이스 기타, 신디사이저, 패딩(Padding), 피아노, 전자 기타, 백그라운드 보컬 등을 데이비드 스튜어트가 맡아 제작 과정 대부분을 전담했다. 데이비드 스튜어트는 조나스 브라더스(Jonas Brothers)의 〈What a man gotta do〉, 헤일리 스타인 펠드(Hailee Steinfeld)의 〈I love you's〉를 제작한 작곡가이다. 데이비드는 BTS의 밝고 긍정적인 성향을 반영해서 〈Dynamite〉를 만들었다. 그는 코로나 상황에서 팬들을 위로하기 위해 창작한 〈다이너마이트〉가 해외 대중의 엄청난 사랑을 받은 사실에 매우 기뻐했다고 한다.

2021년 5월에 발표한 《Butter》 는 해외 제작자의 창작곡으로, 사랑하는 사람을 버터처럼 녹여서 그녀의 마음을 사로잡겠다는 귀여운 고백이 담겨있다. 작사와 작곡은 랍 그리말디(Rob grimaldi), 스테펜 커크(Stephen Kirk), 론 페리(Ron Perry), 제나 앤드루(Jenna Andrews), 알렉스 빌로위츠(Alex Bilowitz),

세바스찬 가르시아(Sebastian Garcia) 등 여러 뮤지션이 제작에 참여하고 알엠이 동참해서 BTS만의 귀여운 매력을 가미했다.[17]

〈Permission to dance〉는 영국 가수이자 작사가인 에드 슈런(Ed Shreen), 스티브 맥(Steve Mac), 존니 맥데이드(Johnny McDaid), 제나 앤드류(Jenna Andrews) 등이 참여해서 완성했다. 키보드, 드럼, 베이스, 기타 등 반주에도 해외 제작자들이 참여했다. 최근에 발표된 〈다이너마이트〉와 〈Butter〉, 〈Permission to dance〉는 현지인의 감성을 정확히 전달하려는 의도에서, 해외 유명 가수와 제작진들이 제작에 참여했다.

현재 '하이브'의 수석 프로듀서는 피독(Pdogg)이다. 피독(본명: 강효원)은 앨범의 제작 과정에서 키보드, 신디사이저, 보컬과 리코딩 작업을 주로 담당한다. 그는 이현이 활동한 8ight의 〈I love you〉, 2AM의 〈잘못했어〉, 임정희의 〈Golden lady〉, 틴탑의 〈향수 뿌리지마〉, BTS의 〈I'm fine〉, 〈Airplane pt.2〉등의 작사와 작곡을 담당했었다. 피독은 2013년부터 빅히트에 영입되어 작곡가 겸 프로듀서로 활동하고 있다. 그는 2017년 엠넷 아시안 뮤직 어워드 베스트 프로듀서상, 2018년 제 7회 가온차트 뮤직 어워드 올해의 작곡가 상을 수상한 경력이 있는 최고의 프로듀서이다.[18]

---

17 Naver Vibe [Butter] 인용.

18 구글 나무 위키: 피독 참고.

BTS의 안무를 창작하는 퍼포먼스 디렉터는 손성득이다. 손성득은 빅히트의 안무 감독으로 BTS의 〈Danger〉, 〈I Need you〉 〈DNA〉, 〈Not Today〉, 〈피 땀 눈물〉, 〈Fire〉, 〈봄날〉, 〈IDOL〉, 〈Permission to dance〉 등 대부분의 안무를 창작했다. 그는 안무가로서의 실력을 인정받아서, 2016년 대한민국 대중문화예술상 문체부 장관 표창을 받았고, 2018년 엠넷 아시안 뮤직 어워드 베스트 안무가 상을 수상했다. 또한 2022년 가온차트 뮤직 어워드에서 올해의 스타일상을 받기도 했다.[19] 그는 BTS 외에도 하이브(HYBE)의 아이돌 그룹인 투모로우바이투게더(TXT), 여자친구, 엔하이픈(Enhypen)등의 안무를 담당하고 있다.

〈Dynamite〉의 안무는 정국과 동갑인 97년생 니키 앤더슨(Nicky Anderson)이 안무를 만들고 빅히트가 채택했다. 니키 앤더슨은 영화 '알라딘(Alladin)'에서 주인공 알리 왕자의 춤 장면을 대신 연출한 태국계 덴마크인으로 미국 LA에서 활동 중이다. 〈다이너마이트〉 뮤직비디오는 유튜브에서 단 이틀 만에 1억 5천만 뷰를 기록했다. 니키는 박진영의 〈Fever〉 안무를 제작한 젊은 안무가로, 빅히트는 BTS를 위한 최고의 안무를 도입하기 위해, 실력 있는 해외 안무가를 도입하고 신선한 안무를 도입하는 개방적인 태도를 유지하고 있다.

---

[19] 구글 나무 위키: 손성득 참고.

방시혁 대표는 BTS 음원의 뮤직비디오(이하:뮤비)를 만들기 위해 룸펜스 감독을 영입했다. 유튜브를 통해 무제한 제공되는 뮤비는 팬들이 가장 기다리는 BTS 노래의 완성판이다. 팬들은 신곡이 출시될 때마다 음원과 안무에 스토리와 영상미를 극대화한 뮤비를 기다린다. 빅히트의 아트 디렉터인 룸펜스(Lumpens)는 BTS의 뮤비를 제작자로 음원과 영상에 자신만의 심미적 감성을 드러낸다. 룸펜스 감독은 조용필의 〈Hello〉, 아이유의 〈스물셋〉, 이효리, 스피카 등 많은 가수의 뮤비를 제작한 아트 디렉터이다. 시각 디자인을 전공한 그는 어릴 적부터 영웅이 되고 싶었다고 한다. 재미, 슬픔, 기쁨의 정서와 의미를 담아 사람들의 시선을 붙잡아 두고 싶은 예술가의 열정은 영상아트와 뮤비로 재현되고 있다. 그는 뮤비를 통해 BTS가 전달하고 싶은 음악에 메시지와 이야기를 담아내고 있다.

룸펜스의 본명은 최용석, 국회의사당을 태권V가 사는 돔으로 가정해서 만화 영화 '로봇 태권V'에서 깡통 로봇과 악당을 무찌르는 태권브이 장면을 연출한 아트 디렉터이다. 룸펜스는 비디오를 예술과 접목시켜서 비디오 아트의 새로운 경지를 개척했고, 현재 비디오 아트 분야에서 제2의 백남준이라는 찬사를 받고 있다.[20] 그가 제작한 BTS의 뮤직비디오는 〈No more dream〉, 〈상남자〉, 〈하루만〉, 〈Prologue〉, 〈I NEED U〉,

[20] 눈을 뗄 수 없는 룸펜스의 태권브이 국회의사당 돔 영상은 https://youtu.be/PapKDjtp-S4 에서 감상할 수 있다.

〈RUN〉, 〈불타오르네〉, 〈WINGS TOUR TRAILER〉, 〈피 땀 눈물〉, 〈봄날〉, 〈Euphoria〉, 〈Singularity〉, 〈Fake love〉, 〈IDOL〉, 〈작은 것들을 위한 시(Boy with love)〉, 〈Black Swan〉, 〈On〉, 〈Dynamite〉, 〈FILM OUT〉, 〈Butter〉 등이 있다.[21] 룸펜스의 뮤비는 노래의 내용과 메시지를 한 편의 미니멀리즘 영화처럼 재현한다. 그가 제작한 뮤비 가운데 유튜브 조회수가 10억 뷰 이상을 달성한 곡들은 6곡이 있고, 그 가운데 가장 많이 재생된 뮤비는 〈작은 자들을 위한 시(Boy with love)〉와 〈다이너마이트〉이다.

하이브 제작진들은 노래의 배경에 따라 과거와 미래라는 시간을 초월하며 의상, 안무, 배경에 정성을 기울인 음반과 뮤비를 제작하고 있다.[22] 무한 반복되는 오르골을 선물 받은 듯, 팬들은 한 편의 미니멀 영화 같은 뮤비를 무제한으로 감상할 수 있다. 최고의 제작진이 심혈을 기울여 만든 음원과 뮤비를 통해 팬들은 시청각 영상이 주는 메시지를 전달받는다. 마치 글과 의미를 압축하고 시인의 정서를 녹여낸 한 편의 시처럼, 뮤비는 팬들에게 새로운 의미와 감동을 선사한다. 음악을 사랑하는 BTS의 순수한 열정, 그리고 최고의 제작진으로 구성된 경영진의 지원이 현재의 BTS를 만들었다. 또한 국내외 전문가를 영입하는 과감한 투자와 열린 태도가 BTS와 하이브의 지속적인 성장을 부추기는 원동력이라고 말할 수 있다.

---

21 구글 위키백과: '룸펜스' 참고.

22 KBS 명견만리 – 방시혁이 말하는 '방탄소년단과 K-pop의 미래'.

3

대중음악의 전설이 된 BTS

대중음악의 전설이 된 BTS

대중음악의 전설이 된 BTS

3.1. 문화 대통령 서태지와의 만남

한국에서 케이 팝(K-pop)이라는 장르가 시작된 것은 1992년이다. 케이 팝 가수 가운데 '서태지와 아이들'은 미국의 락과 팝, 그리고 힙합 음악의 영향을 받아서, 한국적인 대중음악으로 재탄생시켰다.[23]

2017년 9월 2일 올림픽 주경기장에서는 '서태지와 아이들'의 데뷔 25주년을 기념하는 Time:Traveler 공연이 있었다. 서태지는 25주년 기념공연에 BTS를 초대했다. 당시 문화 대통령으로 불리던 서태지와 양현석, 이주노는 한국 가요 무대에 혁명과도 같은 존재였고, 문화와 제도를 신랄하게 비판하는 담대한 메시지를 담아 젊은 세대의 공감을 일으켰다.

---

[23] 아드리안 베슬리(2019:7) 참고.

서태지의 데뷔 25주년 기념행사는 이른바 케이 팝의 전설인 서태지와 슈퍼스타 아이돌이 될 BTS의 첫 만남이었다. 이 날 공연에서 제이홉과 지민은 서태지의 '환상 속의 그대'를 함께 불렀고, RM과 슈가가 '난 알아요'를 부르며 강렬한 비트와 경쾌한 댄스로 무대를 더욱 빛내주었다. 똑같은 것을 배우는 좁은 교실에서 학생들은 편협해지고 있다는 서태지의 연설로 '교실 이데아'가 시작되고, 무대 아래서 서태지와 BTS가 똑같은 교복을 입고 공연을 연출했다. 이 날 공연은 당시 레전드 가수였던 서태지와 BTS의 역사적인 만남이었다. 이 날 공연은 미지(未知)의 세대라 불리던 X세대의 문화 대통령 서태지와 밀레니얼 시대 젊은이들의 감성을 리드하는 BTS가 만난 세기의 추억이 되었다.[24] 2017년 BTS는 서태지의 노래 〈컴백홈(come back home)〉을 리메이크해서 발표했고, 〈컴백홈〉은 7월 22일 빌보드(Billboard) 월드 디지털 송 차트에서 2위를 차지하기도 했다.

서태지는 공연에서 앞으로 한국의 대중음악은 BTS의 시대가 될 것이라고 말했다. 서태지의 예상대로, BTS는 2013년 11월 14일 멜론 뮤직 어워드(Melon Music Award:이하 MMA)에서 신인상을 수상했다. 데뷔 이후 처음으로 수상한 신인상을 시작으로, 골든 디스크, 하이원 서울 가요대상, 엠넷 아시안 뮤직 어워드 상 등을 수상하며 국내 팬들의 사랑을 받기 시작했다. 뿐만

---

24 2017년 9월 2일 BTS와 함께 한 서태지 25주년 기념 콘서트의 마지막 노래인 〈우리들만의 추억〉을 https://youtu.be/BC1Dsngr_8s에서 감상할 수 있다.

아니라, 해외 팬들이 BTS의 실력을 인정하기 시작하면서, 2017년부터 2019년까지 빌보드 뮤직 어워드 톱 소셜 아티스트(Top Social Artist) 상을 3회 연속으로 수상했고, 2018년 아메리칸 뮤직 어워드 최애 소셜 아티스트(Favorite Social Artist)상을 수상하기도 했다.[25]

BTS는 한국 음악 시장을 장악한 후, 빌보드에 진출했을 뿐만 아니라, 팝 음악계에서 전통과 권위를 자랑하는 그래미 시상식(Grammy music Awards)까지 진출한 최초의 한국 가수가 되었다. BTS는 2019년 제 61회 그래미 시상식에서 베스트 R&B 앨범 부문의 시상자로 참여했다. 2020년 62회 그래미에서는 릴 나스(Lil Nas X)와 함께 〈Old Town Road〉를 공연했다. 2021년 BTS는 마침내 베스트 퍼포먼스 듀오/그룹(Best performance duo/group)의 후보에 올랐다. 해외 출국이 어려운 상황이어서, 그래미에서 공연될 〈다이너마이트(Dynamite)〉 영상은 한국에서 방송되었다. BTS는 한국과 아시아권 가수로는 최초로 그래미의 레드 카펫을 밟았고, 그래미에서 공연했다.

2022년 그래미 시상식에서 베스트 팝 듀오/그룹 퍼포먼스 부문 후보에 오른 BTS는 해외 유명 팝 가수들 앞에서 영화 같은 〈Butter〉 퍼포먼스를 연출했다. 첩보 요원들처럼 검은 슈트를 입은 BTS의 놀라운 연출에 해외 유명 가수들은 기립박수를 치며

[25] 아드리안 베슬리(2019:240-243) 참고.

공연을 즐겼다. 멋진 공연 후 비록 수상은 못했지만, 뷔와 정국이 두 손가락으로 카드를 던지고 받는 장면, 멤버들이 동시에 자켓을 벗어 기타를 치고 레이저 광선 사이를 유연하게 지나는 안무는 마치 한 편의 영화를 보는 것처럼 팬들에게 이색적인 즐거움을 선사했다.

3.2. 빌보드 차트를 고공 행진하는 BTS

빌보드(Billboard)는 본래 1894년 미국 뉴욕에서 창간된 대중음악 잡지 이름이었다. 빌보드 차트(Billboard Chart)는 1950년대 중반에 시작된 전 세계 팝 음악과 클래식, 가스펠, 재즈 등 모든 장르의 음악의 인기 순위를 기록한 차트로 진화되었다. 빌보드 차트는 앨범 판매량과 라디오 방송 횟수 등을 기준으로 음반 혹은 음원의 인기 순위를 정한다. 매주 전 세계 대중의 사랑을 받는 음원과 앨범을 선별해서, 빌보드 차트에서 핫 100과 빌보드 핫 200 차트를 포함한 음원들이 발표된다.

빌보드 핫100((Billboard Hot 100)은 한 곡의 노래를 기준으로, 전 세계 대중음악 가운데 가장 인기 있는 100곡을 선정한다. 빌보드 핫 200(Billboard Hot 200)은 앨범의 인기도를 기준으로 매주 200개의 앨범이 선정된다. 빌보드 핫100은 싱글 곡의 음원 판매량, 스트리밍 실적, 유튜브 조회수, 라디오 방송 횟수 등을 종합해 순위를 집계한다. 빌보드 핫 200은 앨범 전체를 기준

으로, 앨범의 판매량과 트랙별 판매량, 스트리밍 실적 등을 기반으로 순위를 정한다.[26]

2021년 12월을 기준으로, 빌보드 핫100에 진출한 한국 가수로는 원더걸스(Wondergirls), 싸이(PSY), 씨엘(CL), 방탄소년단(BTS), 블랙핑크(Blackpink)가 있다.[27] 한편 2016년 씨엘이 한국 여자 솔로 가수 최초로 빌보드 핫100에 진입했다. 씨엘의 '리프티드(Lifted)'는 핫100 차트에서 94위를 기록했다 씨엘의 빌보드 진입 3년 뒤인, 2019년 4월에 발매한 블랙핑크의 '킬 디스 러브(Kill This Love)'가 핫100 차트에서 41위를 차지했다. 2019년 9월 미국 가수 겸 배우인 셀레나 고메즈(Selena Gomez)가 피처링(featuring)한 블랙핑크의 '아이스크림(Ice Cream)'이 빌보드 차트 13위에 올랐다. 2020년 '디 앨범(The Album)'에 수록된 블랙핑크의 '하우 유 라이크 댓(How you like that)'이 빌보드 핫100에서 다시 33위를 기록했다.

BTS는 데뷔 후 신인상을 시작으로 2015년부터 각종 음원 차트

---

[26] 정주신(2021:5) 참고.

[27] 정하승 기자 jhaseung@korca.klr KOCIS(해외문화홍보원) 빌보드 '핫100'에 진출한 한국 가수들 2021.6.30. 참고.
한국 최초로 빌보드 핫100에 진입한 가수는 그룹 원더걸스(Wondergirls)였다. 2009년 원더걸스의 '노바디(Nobody)'가 빌보드 핫100 차트에서 76위에 올랐다. 다음으로 2012년 싸이(PSY)의 〈강남 스타일(Gangnam Style)〉이 빌보드 핫 100에서 2위를 차지했다. 〈강남 스타일〉은 케이 팝 역사상 7주 연속 2위라는 기록을 세웠다. 당시 싸이의 〈강남스타일〉이 아쉽게 놓친 1위는 마룬5(Maroon5)의 〈원 모어 나이트(One more night)〉가 차지했다. 2013년 발표한 싸이의 〈젠틀맨(Gemtleman)〉이 다시 빌보드 핫100에서 5위에 재진입했다.

에서 본상과 올해의 가수상을 수상하면서, 국내 음반 시장을 장악했다. 2017년부터 2019년까지 빌보드 뮤직 어워드에서 3년 연속 톱 소셜 아티스트(Top Social Artist)상을 수상하는 영광을 얻기도 했다. BTS가 9년 동안 발표한 17개의 앨범 가운데, 빌보드 핫 200에 진입한 BTS의 앨범은 모두 14개이다.[28] 2022년 8월 2일을 기준으로, 빌보드 핫 200차트에서 10위권에 진입한 BTS의 앨범은 모두 7개가 있다. 앨범 차트에서 1위를 차지한 앨범은 《Love Yourself: Answer》, 《MAP OF THE SOUL:7》, 《Map Of The Soul: PERSONA》, 《BE》, 《Love Yourself: Tear》, 《Proof》로 모두 6개이다. 6개의 앨범이 1위를 차지한 주간은 각각 1주씩으로, 그 가운데 《Love Yourself: Answer》가 100주 동안 차트에 머물면서, 빌보드 핫 200에 가장 오래 머문 앨범으로 기록되었다.

---

[28] 2022년 8월 2일 검색을 기준으로, 빌보드 핫 200(Billboarad Hot 200)에 오른 BTS의 앨범은 모두 15개로 그 목록은 다음과 같다. 《Love Yourself: Answer》, 《MAP OF THE SOUL : 7》, 《Love Yourself: Her》, 《BE》, 《Map Of The Soul: PERSONA》, 《Love Yourself: Tear》, 《Proof》, 《 BTS, The Best》, 《Skool Luv Affair》, 《Wings》, 《You Never Walk Alone》, 《The Most Beautiful Moment In Life(화양연화), Pt. 2 》, 《The Most Beautiful Moment In Life: Young Forever 》, 《Face Yourself》

	빌보드 핫 200 BTS 앨범	차트 진입일 (월/일/연도)	최고 순위	차트 온 주간
1	《Love Yourself: Answer》	09.08.18	1위	100
2	《MAP OF THE SOUL : 7》	03.07.20	1위	95
3	《Love Yourself: Her》	10.07.17	7위	44
4	《Map Of The Soul: PERSONA》	04.27.19	1위	35
5	《BE》	12.05.20	1위	37
6	《Love Yourself: Tear》	06.02.18	1위	15
7	《Proof》	06.25.22	1위	7

〈표 1〉 빌보드 핫 200 10위권에 오른 BTS의 앨범

순위	Song	ARTIST
1	**Permission to Dance**	**BTS**
2	good 4 U	Olivia Rodrigo
3	Stay	The Kid Laroi & Justin Bieber
4	Levitating	Dua Lipa ft. Dababy
5	Kiss Me more	Doja Cat ft. SZA
6	Bad habits	Ed sheeran
7	**Butter**	**BTS**
8	Montero (Call me By Your name)	Lil Nas X
9	Save your Tears	The Weekend & Ariana Grande
10	deja vu	Olivia Rodrigo

〈표2〉 빌보드 핫 100 차트 2021년 7월 24일[29]

2021년 7월 24일 BTS의 〈Permission to dance〉가 빌보드 핫100 차트에 진입과 동시에 1위를 차지했다. 〈Butter〉와 〈Permission to dance〉의 공통점은 빌보드 차트에 진입하자마자 1위에 올랐다

29 페이스북 BTS Live 인용.

는 사실이다. 2021년 7월 셋째 주 빌보드 핫 100 차트에서 〈Permission to dance〉는 〈표2〉와 같이 차트에 진입하자마자 1위에 올랐다. 연속 1위를 차지하던 〈Butter〉가 7위를 기록하면서, 한 그룹의 두 곡이 동시에 빌보드에서 10위권에 진입했다.

	빌보드 핫 100차트 BTS 노래	데뷔 (월/일/연도)	최고 순위 (위)	횟수	차트온주간
1	<Dynamite>	09.05.20	1위	3주	32주
2	<Savage Love>	06.27.20	1위	1주	31주
3	<Butter>	06.05.21	1위	10주	20주
4	<My Universe> (Coldplay x BTS)	10.09.21	1위	1주	17주
5	<MIC Drop> (Feat. Desiigner)	12.16.17	28위		10주
6	<Boy With Luv> (Feat. Halsey)	04.27.19	8위		8주
7	<Permission To Dance>	07.24.21	1위	1주	7주
8	<Fake Love>	06.02.18	10위		6주
9	<DNA>	10.07.17	67위		4주
10	<IDOL> (Featuring Nicki Minaj)	09.08.18	11위		3주
11	<Life Goes On>	12.05.20	1위	1주	3주
12	<Make It Right> (Featuring Lauv)	04.27.19	76위		2주
13	<ON>	03.07.20	4위		2주
14	<Yet To Come>	06.25.22	13위		2주
15	<Run BTS>	06.25.22	73위		1주
16	<Filter>	03.07.20	87위		1주
17	<My Time>	03.07.20	84위		1주
18	<Black Swan>	02.01.20	57위		1주
19	<Waste It On Me> Feat. Steve Aoki	11.10.18	89위		1주
20	<Fly To My Room내방을여행하는법>	12.05.20	69위		1주
21	Blue & Grey	12.05.20	13위		1주
22	Telepathy	12.05.20	70위		1주
23	Dis-ease	12.05.20	72위		1주
24	Stay	12.05.20	22위		1주
25	Film Out	04.17.21	81위		1주

〈표3〉 빌보드 핫 100 차트에 진입한 BTS의 노래

2022년 8월 기준으로 빌보드 핫 100에 진입한 BTS의 노래는 〈표3〉과 같이 25곡이며, 10위권에 진입한 노래는 모두 9곡이었다. 빌보드 핫 100에서 1위를 차지한 BTS의 곡은 〈Dynamite〉, 〈Permission To Dance〉, 〈Life Goes On〉, 〈Savage Love〉, 〈Butter〉, 〈My Universe〉까지 모두 6곡으로, BTS가 빌보드 핫 100에서 1위를 기록한 주간은 모두 17주간이었다.

2021년 〈버터〉가 빌보드 핫 100차트에서 5주 연속 1위를 기록하자, 멤버들은 브이라이브(Vlive)에 모여 버터라는 두 글자로 2행시를 만들면서, 계속적인 사랑과 성원을 기원했다. 멤버들의 바람대로, 2021년 BTS의 〈버터(butter)〉는 빌보드 핫 100에서 통산 10번이나 1위를 차지하는 대기록을 세웠고, 빌보드 핫 트렌딩 송 차트(Hot trending song chart)에서 13주간 1위를 차지했다.[30] BTS는 빌보드 소셜 50(Billboard Social 50)에서 200회가 넘게 1위를 차지한 그룹이라는 기록을 남기기도 했다.

3.3. BTS의 신기록 대행진

엘리오노라 필라스트로(Eleonora Pilastro)는 2021년 9월 2일 기네스 월드 기록(Guiness world Record)에서 BTS를 명예의 전당에 등재했다고 보도했다. BTS는 기네스 기록에서 음악과 미디어, SNS 등에서 모두 23개의 기록을 보유한 한국 아티스트에 등

30 핫 트렌딩 송 차트는 트위터에서 언급된 횟수를 기준으로 순위를 정한다.

극했다.[31] 기네스 기록에서, BTS는 스포티파이와 인스타에서 가장 많이 스트리밍된 그룹, 유튜브 프리미어에서 가장 많은 구독자가 본 뮤직 비디오에 올랐다. BTS는 스포티파이에서 24시간 내에 가장 많이 스트리밍되고, 트위터에서 가장 많이 인게이지먼트(Engagement)[32]된 그룹으로 기록되는 등 모두 23개의 기네스 월드 기록을 보유하고 있다.

유튜브는 모회사인 구글(Google) 다음으로 세계에서 가장 이용자가 많은 웹사이트로, 메타(Meta) 다음으로 이용자가 많은 소셜 플랫폼이다. 유튜브 사용자는 월간 20억 명으로 추산된다. 한국인의 83%가 유튜브를 사용하고 있고, 유튜브 콘텐츠를 창조한 유튜버는 콘텐츠 개발자로서 영향력과 지지를 받는 새로운 직업군이 된 지 오래다.

---

[31] Eleonora Pilastro, BTS and their 23 records enter the Guinness World Records 2022 Hall of Fame | Guinness World Records - 2022년 9월 2일 https://www.guinnessworldrecords.com/news/2021/9/bts-and-their-23-records-enter-the-guinness-world-records-2022-hall-of-fame?s=08 참고.

[32] 인게이지먼트(Engagement)는 영어로 '약혼', '약속', '관심', '매력'을 의미한다. 트위터, 페이스북, 인스타 같은 소셜 미디어에서 인게이지먼트는 재미있거나 유용한 경험을 통해 브랜드와 소비자의 연관성을 높이는 것으로, 게시물에 대한 유저들의 반응, 댓글, 공감을 가리킨다. 인게이지먼트는 고객과 브랜드를 연결하는 효과를 순식간에 높이는 마케팅 기술의 하나이다. 에프런(Ephron)(2006)의 분류에 따르면, 인게이지먼트는 소비자의 관심을 유도하기 위해 적합한 요건을 갖추어야 한다. 인게이지먼트가 갖추어야 할 3가지 조건은 첫째, 미디어성, 둘째, 광고성, 셋째, 브랜드성이다. 인게이지먼트는 첫째, 소비자의 경험과 어울리는 중개성을 갖출 필요가 있다. 둘째, 메시지와 창의성을 가진 광고성을 갖추어야 한다. 셋째, 브랜드 선호도와 충성도를 제고할 수 있어야 한다. 이와 같이 인게이지먼트는 중개성, 광고성, 브랜드 가치라는 3가지 요소가 적절하게 조화를 이룰 때 효과가 순식간에 증진된다.

우리에게 조금 생소한 스포티파이(Spotify)는 2006년 다니엘 에크(Daniel Ek)와 마르틴 로렌트손(Martin Lorentzon)이 설립한 회사로 음악 스트리밍과 미디어를 공급하는 서비스 업체이다. 스포티파이 본사는 미국 뉴욕에 있고, 본부는 스웨덴 스톡홀름에 있다. 스포티파이의 회원은 유료회원 1억 3,800만 명을 포함해서 전체 유저가 2억 9천 9백만 명이 넘는다.

하이브의 영상 디렉터인 룸펜스 사단이 제작한 BTS 뮤비는 다채로운 영상미와 함께 팬들에게 이야기와 메시지를 전달한다. 멤버와 스탭들이 화기애애한 분위기에서 만든 뮤비는 유저라면 누구나 무한대로 즐길 수 있다. BTS의 뮤비 가운데, 유튜브에서 10억 뷰를 넘은 곡은 모두 6곡이었다. 세계인이 가장 사랑하는 BTS의 뮤비는 바로 〈DNA〉, 〈작은 것들을 위한 시〉, 〈Dynamite〉, 〈Mic Drop〉, 〈Fake love〉, 〈Idol〉이었다. 2022년 8월 7일 유튜브 검색 결과, 유튜브 사용자들이 BTS의 뮤비를 재생한 횟수는 〈작은 것들을 위한 시〉와 〈Dynamite〉가 각각 15억 뷰, 〈DNA〉가 14억 뷰(view), 〈Mic Drop〉이 12억 뷰, 〈Fake love〉는 11억 뷰, 〈Idol〉이 11억 뷰로 확인되었다.

2021년 9월 16일 세계적인 권위를 지닌 음악 잡지 롤링 스톤즈(Rolling Stones)는 2004년 발표 후 17년 만에 세계에서 가장 위대한 500곡을 재선정해서 발표했다. 가장 위대한 500곡 가운데 BTS의 〈다이너마이트(Dynamite)〉(2020)가 한국 음악에서 유일하게 346위에 올랐다. 롤링 스톤즈의 위대한 500곡은 전 세계 가수, 프로듀서, 평론가, 언론인 등 전문가 250여 명이 참여해서 선정한다. 롤링 스톤즈는 BTS가 전 세계에서 가장 위대한 500곡에 선정된 이유를 멤버들의 뛰어난 음악적 재능 덕분이라고 밝혔다.

2021년 11월 22일 BTS는 아메리칸 뮤직 어워드(American music awards:이하 AMA)에서 모두 세 개의 상을 수상했다. 페이보릿 그룹(Favorite Duo or Group), 페이보릿 팝송[33](Favorite Pop song)과 함께 아시아 가수로는 최초로 미국 AMA에서 올해의 예술가상(Artist of the Year)을 수상했다.

2021년 멜론 뮤직 어워드(MMA)에서 BTS는 빌보드 차트를 달군 〈버터〉로 '올해의 노래 대상(Song of the year)'과 최고 남자 그룹상(Best Male Group), 네티즌상(Netizen's Choice Award), 멜론 뮤직 어워드 톱10 본상(MMA Top10 Artist)을 받았다. 또한 콜드플레이와 협업한 〈마이 유니버스(My universe)〉가 베스트 컬래버레이션 상(Best collaboration Award)을 수상했다. 2018년 MMA에서 공연한 〈아이돌(Idol)〉로 전설적인 공연상(Legendary Performance Award)을 수상하면서, 2021년 MMA

---

33 학자들도 미국 팝 시장에서 BTS에게 수여하는 상의 이름을 음역으로 표기한다. 페이보릿 그룹(Favorite group), 빌보드의 톱 소셜 아티스트(Top social Artist) 상 등 해외 시상식에서 수여하는 상의 이름을 영문 그대로 표기하거나, 음역으로 표기하고 있다. 미국, 영국, 호주 등 해외 수상을 이어가는 그룹은 BTS가 처음이어서, 정확한 한국어 용어로 번역이 안 된 상태이기 때문이다. 예를 들어 페이보릿 그룹(Favorite group)은 한국어로 '최애 그룹' 혹은 '가장 선호하는 그룹'으로 번역할 수 있지만, 그룹(group)의 한국어 해석은 다소 애매하다. 정확한 의미 전달을 위해, 본서에서는 한글과 영문을 모두 기록하기로 한다.

에서 BTS는 무려 6개의 상을 수상했다.

BTS는 국내외 음악과 미디어 분야에서 수많은 상을 받았을 뿐만 아니라, 국제적인 활동에 대한 외교적 공헌을 인정받은 수상 이력들이 있다.

BTS는 2020년 10월 7일 밴 플리트상(James Alward Van Fleet Award)을 받았다. 밴 플리트상은 한국 전쟁에 참여했던 미8군 사령관 밴 플리트 장군의 공헌을 기념하기 위해 1995년에 제정된 상이다. 밴 플리트상은 한미 관계 증진에 각별하게 공헌한 한국인과 미국인에게 수여하는 가장 명예로운 상이다. 한국에서 밴 플리트 상을 수상한 역대 수상자는 1995년 김철수 세계무역기구 사무처장, 1997년 구평회 한국 무역협회 회장, 1998년 최종현 SK 그룹 회장, 김종훈 루슨트 테트놀러지(Lucent Technologies) 사장이 있다. 역대 밴 플리트 수상자로는 2000년 제39대 미국 대통령인 지미 카터(James Earl Carter), 2004년 반기문 외교통상부 장관, 2005년 조지 부시 제41대 대통령, 2006년 삼성그룹 이건희 회장, 2007년 김대중 제15대 한국 대통령이 있다. 한국에서도 최고의 정치 지도자인 역대 대통령, 대기업 회장, 장관들이 수상한 밴 플리트 상을 한국 가수 최초로 BTS가 받았다. BTS는 자신들의 음악과 메시지로 한미 양국의 우호를 증진시키고 연대를 강화한 공로를 인정받아 기존의 한미 양국의 정치, 경제의 리더들이 받는 밴 플리트 상을 받았다.

2021년 9월 14일 청와대에 초청받은 BTS는 미래 세대와 문화를 선도하는 대통령 특별 사절로 임명장을 받았다. BTS는 문화사절로서 199개국을 비자 없이 공식적으로 방문할 수 있는 외교관 자격을 얻었다.

BTS는 2022년 7월 하이브 본사에서 한덕수 국무총리로부터 2030년 부산 엑스포(EXPO) 홍보대사로 위촉받았다. 리더인 알엠은 10월 글로벌 부산 콘서트를 시작으로, 한국의 자연과 문화를 홍보하기 위해 다방면으로 힘쓰겠다고 말했다.

BTS는 전 세계 음원 차트에서 최초이자 최고의 기록을 갱신하며 전 세계 팬덤들의 사랑을 받고 있다. BTS가 이뤄낸 단시간의 도약과 성공은 미래세대에게 이미 전설적인 귀감이 되고 있다. 이처럼 BTS의 음악적 재능과 외교적 역량은 이미 대내외적으로 인정을 받고 있다.

4

BTS와 하이브의 초월적 도약

● ● ●

4.1. 화려한 무대와 평범한 일상의 공유

4.1.1. 존재의 그림자

살다 보면 가끔 나의 문제만 커 보이고, 다른 사람은 아무 문제 없이 행복하게만 느껴질 때가 있다. 하지만 어느 인생이나 삶에는 유사한 어려움들이 있고, 사회와 가정에서의 역할이 존재한다. 매일 온라인을 장식하는 성공한 사람들의 기사를 보다보면, 우리는 쉽게 심리적으로 열등감을 느끼거나 위축되게 된다. 하지만 화려한 사람들의 일상에도 그림자가 있게 마련이다.

화려한 20대 시절, 여대생이라는 타이틀을 가졌던 나는 동네에서는 칭찬과 선망의 대상이었다. 대학생 시절, 나는 많은 사람이 부러워하는 명문대에 다녔고, 과외로 직장인의 월급과 맞먹는 용돈을 벌었다. 당시 나는 공부를 하면서도, 등록금과 용돈을 충당할 만큼의 수입을 벌었다. 화려한 이대 앞에는 먹거리가 가득했고, 아름다운 쇼 윈도우에 의상과 구두, 화려한 악세사리를 파는 상점들이 즐비했다. 하지만 나는 대학 4년 동안 한 번도 화장을 해 본 적이 없었다. 늘 티셔츠와 청바지에 활동성이 좋은 단화를 신고 다녔다. 커다란 가방엔 내가 좋아하는 헤르만 헤세의 소설, 윤동주의 시집, 문정희 작가의 책들이 가득했다. 학기 내내 과외와 학교 수업, 교회 봉사가 나의 일상을 차지했다. 엄마는 네 남매를 낳아 기르시고, 중년이후엔 다시 보험 설계사로 일을 하셨다. 집안에서 넷째인 나를 세상에 낳아주시고, 그 많은 집안일과 회사 일을 감당하신 엄마는 여전히 내 인생의 위인이다. 엄마는 설계사로 일하시며 사람들이 아프고 어려울 때마다 직접 찾아가 도움을 주셨다. 엄마에게 늘 힘이 되고 싶었던 나는 과외비에서 꼭 필요한 용돈을 제외하고 엄마에게 드려서 살림을 편하게 해드렸다. 엄마는 한동안 집에서도 가내 수공업을 하셨다. 당시는 공장에서 할 일을 가정에서 부업으로 대신하기도 했었다.

나는 과외가 없는 날이나 방학이면 엄마가 하시는 부업을 도와드렸다. 당시에는 문구류 가운데 침핀과 클립을 많이 사용했었다. 그래서 서원 침핀과 서원 클립을 포장하는 일을 집에서 했다. 엄마와의 부업으로 한 달에 버는 돈은 많지 않았지만, 당시로는 생활에 큰 보탬이 되었다. 나는 일을 손에서 놓지 못하는 엄마가 안쓰럽고, 공부하는 일이 사치스럽게 느껴지기도 했다. 이대 앞 꽃집에서 엄마의 생신에 백일홍을 사다드리고 블라우스를 선물하기도 했다. 엄마에게 큰 힘이 되고 싶었던 막내인 나는 부모님을 너무 사랑했다. 그렇게 엄마와 함께한 행복한 시간도 잠시, 엄마는 갑자기 큰 병을 얻고 식구들의 극진한 돌봄에도 불구하고 아쉽게도 소천하셨다. 대학 시절에 엄마에게 용돈과 시간을 내드린 것이 마지막 효도가 되리라고는 꿈에도 생각하지 못했다. 그렇게 나와 엄마의 행복한 일상은 오래 지속되지 못했다. 엄마의 자랑스런 딸이 되고 싶었던 나는 어머니가 소천하신 후에도 여전히 열심히 살아가고 있다. 엄마의 마지막 말씀이 "너희가 잘 살아야 할 텐데....."였기 때문이다.

가족의 죽음은 실은 남겨진 자들의 역할과 심리적 슬픔이 커지는 충격이다. 당시에는 하늘이 무너지고 세상에 온전히 홀로 남겨진 것 같은 외로움이 마음을 짓눌렀다. 많이 힘들고 슬펐지만, 그저 슬퍼만 하며 주저 앉아있을 수만은 없었다. 여전히 나와 남겨진 가족의 삶이 계속되고 있었기 때문이다. 마음을 가다듬고, 밥을 잘 챙겨 먹고, 운동을 하고 기운을 차리고 다시 일상에 적응해야 한다. 하늘이 우리에게 허락한 시간까지 부모의 자랑스런 자녀로 살아가는 것이 지구별에 남겨진 유족들의 역할이다. 여전히 우리를 지켜주실 영혼을 마음에 모셔두고, 또 나와 같은 슬픔을 경험할 사람들을 위로할 수 있는 마음의 그릇을 준비하면서 살아가자.

어머니가 소천하신 후, 대학 생활의 나머지 시간, 그리고 직장생활을 하는 동안은 살림을 하며 아빠와 함께 보냈다. 캠퍼스의 녹음이 짙은 여름 졸업 사진을 찍던 날, 아빠가 사준 멋진 정장과 하이힐을 신고 처음으로 화장을 했다. 동창들은 처음으로 화장을 한 나를 보며 신기해했다. 캠퍼스가 점점 더 사랑스러워지고 떠나기 싫었지만, 마침내 대학을 졸업하게 되었다. 동기 졸업생 중에는 김영삼 대통령의 따님이 있었다. 그래서 나의 졸업식은 경호원의 삼엄한 경호 속에 현직 대통령이 참석했던 잊을 수 없는 추억이 되었다. 시대를 선도하는 주체적인 여성으로 살아가라는 총장님의 졸업권설을 들으며, '나는 사회에 진출해서도, 열심히 살아가리라' 다짐하고 또 다짐했다.

아무리 화려해 보이는 사람들에게도 숨은 상처와 현실의 그림자가 있게 마련이다. 내가 누군가를 쉽게 평가하지 않는 이유이기도 하다. '저 나름의 상황이 있겠지.' 그래서 나는 기사와 여론만 보고 사람이나 사건을 섣불리 판단하는 일을 잘 안한다. 나도 신문사에서 잠시 기사를 작성해본 적이 있지만, 기사는 정부의 정책 방향이나 작성자의 주관적 견해가 다소 반영되게 마련이다. 그래서 나는 악성 루머나 기사에 대해서는 살짝 거리두기를 하는 편이다. 자주 가십거리가 되는 공인들의 입장과 속사정을 정확하게 이해할 필요가 있기 때문이다.

4.1.2. 인간적인, 너무나 인간적인 BTS

BTS 멤버와 컬래버 작업을 하는 국내외 가수가 많아졌다. 또한

BTS를 연구하는 경제 기관과 학자들이 증가하는 소위 BTS 붐 현상을 일으키고 있다. 그렇다면 BTS가 국내외에서 이토록 영향력을 발휘하는 진정한 비결은 무엇일까? 김남국(2018:43)은 『잘함과 진심, BTS에게 배우는 Z세대 경영전략』에서 BTS가 성공한 비결을 다음 세 가지로 요약했다. 첫째, 도덕성을 갖춘 인성, 둘째, 음악에 대한 열정, 셋째, 자발적 훈련과 연습 덕분이라고 설명했다. 이 가운데 BTS가 성공한 최고의 비결은 바로 멤버들의 '도덕성을 갖춘 인성'이라고 강조했다.

BTS는 논현동의 작은 월세 방에서 월세와 생활비를 걱정하며, 힘든 연습생 시절을 함께 보냈다. 비빔 면을 먹고, 포켓몬 빵의 스티커를 모으는 알엠, 우유와 콤부차를 자주 마시는 정국, 소식하는 슈가, 소박한 입맛을 가진 멤버들은 이웃 집 청년들처럼 친근하다. 멤버들은 서로 형제애 이상의 절절한 우정과 팀워크를 갖추고 있다. BTS 멤버들은 때로는 서로에게 존칭을 사용하고 때로는 장난스러운 유머로 서로를 보듬고 칭찬한다. 알엠은 영어 실력과 랩, 그리고 리더십으로 팀을 리드한다. 진의 잘생긴 외모, 지민의 귀여움과 댄스 실력, 밝은 성격의 제이홉은 댄스와 작사 실력을 갖추고 있다. 슈가는 천재적인 랩 실력과 연출력, 뷔의 감성 가득한 보컬과 4차원 성향, 정국의 가창력과 체력, 멤버들은 너무나 다른 성향을 갖고 있지만, 서로의 장점을 세워주며 차이를 인정한다. 그들은 BTS라는 완전체로 완벽한 무대를 연출하고 솔로곡들이 빌보드 차트 상위권에 오를 만큼 예술가의 경지에 도달해 있다.

BTS는 브이 라이브에서 2021년까지 무려 7년 동안 '달려라 방탄(Run BTS)'이라는 자체 예능 프로그램을 운영했다. 달려라 방탄은 7년간 155회 동안 방영된 프로그램으로 브이라이브에서 누구나 감상할 수 있다. '달려라 방탄'에서 멤버들은 백종원 대표 등 전문가를 초대해서 음식을 배우는 장면을 연출했다. 때로는 민속촌에서 상황극과 게임, 쟁반 노래방을 연출하고 롯데 타워 브리지에서 수어 챌린지를 연출하기도 했다. 알엠이 기적의 세일러 문으로 분장하거나, 아미 모녀가 BTS를 좋아하는 연기를 한 것은 오로지 팬들의 즐거움을 위한 이벤트였다. MZ세대[34]인 BTS는 153회 달려라 방탄(Run BTS)에서 쟁반 노래방을 기획해서 선배들의 노래인 버즈의 〈겁쟁이〉, 전람회의 〈취중진담〉, 팀의 〈사랑합니다〉, 만화주제가인 〈검정고무신〉등을 부르며 즐거움을 선사했다.

화려하고 완벽한 무대 공연과 달리, 무대에서 내려온 BTS는 너무나 평범한 청년의 일상을 보여준다. 멤버들은 유튜브, 브이라이브(Vlive), 트위터, 인스타 같은 무경계 미디어에서 자주 팬들

---

34 밀레니얼 세대(Millennial generation)는 새로운 천년이 시작되는 2000년대를 살아가게 될 세대로, X세대가 낳은 1980년에서 1997년 사이 세대로 실리와 안정을 추구하고 현재의 행복을 중시하는 경향이 강하다. Z세대는 1990년부터 2010년 사이에 출생한 세대로, X세대가 개발한 핸드폰, 탭, 컴퓨터와 같은 온라인 매체에 대한 의존도가 높은 세대이다. 밀레니얼 세대와 Z세대를 합쳐서 MZ세대라고 부르며 X세대로 불리던 사람들이 낳아 양육한 자녀들이다. 본래 세대라는 말은 영어의 'generation'으로 30년 단위로 분류되었다. 하지만 최근에는 세대를 구분하는 경계가 모호해지고 그 기간은 단축되고 있다.

을 만난다. 트위터에서는 수시로 이동한 장소를 알려주거나 영화나 행사에 참석한 특별한 경험들을 아미들과 공유한다. 포스트에 글을 작성하거나 아미들의 글에 답글을 남기며 자유롭게 소통한다. 경계가 없는 온라인에서는 일상성과 진정성이 훨씬 강한 영향력을 행사한다. 이처럼 BTS와 팬들은 공감(共感)과 환기(換氣)의 교감 방식으로 수평적으로 소통한다. BTS는 자신의 음악을 사랑하는 팬들에게 웃음과 재미, 감동을 주고, 감정의 자유와 공감의 정서를 나누고 싶어 한다. 특히 그들은 국내외 시상식 후 파티에 잘 참석하지 않는다. 각종 시상식과 공연을 마친 후, 멤버들이 가장 먼저 하는 일은 브이 앱을 켜는 일이다. 브이 라이브 방송을 켜서 자신들을 사랑하고 응원해준 아미들에게 영상으로 말을 걸어준다. 그들은 자주 '진짜 여러분이 없으면 저희는 없는 거나 마찬가지다', '멀어져 간다면 제가 또 다가갈 게요'라며 진심 어린 말들을 전달한다.[35] 왁자지껄 멤버들은 한바탕 이야기를 쏟아내고 아미에게 가장 최고의 모습을 보여주고 싶다며, 그렇게 오랫동안 화면 앞을 떠나지 않을 때도 있다. 아이돌은 자신들의 음악을 사랑하는 팬들에게, 팬들은 동경과 자부심의 대상인 아이돌에게 서로의 마음이 그렇게 비스듬히 기대어 있다.

[35] 김남국(2018:193) 참고.

4.2. 다재다능한 예술가

흔히 아이돌 그룹은 보컬, 랩, 안무 등 각자가 팀에 공헌하는 파트가 정해져 있다. BTS도 각자가 공헌하는 담당 파트가 있었다. 알엠과 슈가는 랩으로, 지민과 제이홉은 탁월한 춤 실력자로 유명하다. 정국과 뷔는 메인 보컬로, 두성과 비음을 섞은 자신만의 창법을 사용한다. 하지만 멤버들은 이미 노래, 안무, 작사와 작곡, 프로듀싱까지 참여한다. BTS의 초기 노래와 안무는 젊은 세대도 따라 부르기 어려울 만큼 가사가 복잡하고 안무도 어려웠다. 데뷔 초에는 저항하듯 강렬한 힙합 전사를 연상시켰고, 초기 안무는 고난도의 군무(軍舞)로 불릴 정도로 정확하고 빠르게 진행되었다. 데뷔 초기 발매한 〈We're bullet proof pt.2〉의 영상은 슬램덩크의 캐릭터처럼 농구복과 금색 악세사리로 한껏 멋을 낸 힙합 전사들의 레전드 안무를 감상할 수 있다. 〈We're bullet proof pt.2〉의 뮤직비디오를 보면, 스모키 화장, 검은색과 금빛 장신구로 무장한 힙합 전사 같은 BTS의 데뷔 초기 분위기를 느낄 수 있다. 뮤비 후반에 바닥에 누운 제이홉의 머리 위로 지민이 공중회전을 해서 바닥에 착지하는 장면이 나온다. 두 사람이 연출한 공중회전은 서로 간의 신뢰와 무수한 연습을 통해 완성된 명장면이다. 공중회전 후 지민의 모자를 건네받은 정국이 자신의 모자와 함께 팔 사이로 휘휘 돌려가며 펼치는 모자 쇼

도 레전드 영상으로 기억된다.[36]

2018년 멜론 뮤직 어워드(MMA) 축하 무대에서 방탄소년단은 국악 악기가 어우러진 〈Idol(아이돌)〉로 무대를 장식했다.[37] 북, 꽹과리, 징 등 한국의 전통 악기와 고전 무용가들과 함께 어우러져 시작되는 전반부는 웅장하고 화려했다. 제이홉의 북춤, 지민의 부채춤, 정국의 탈춤에 이은 사물놀이패 공연은 국악과 대중음악의 컬래버로 잊을 수 없는 무대를 연출했다. 전통 악기와 어우러진 〈아이돌(Idol)〉 공연으로 BTS는 2021년 전설적인 공연상(Legendary Performance Award)을 받았다.

알엠은 한국과 미국 등 해외 미술 전시회를 직접 찾아 디니는 미술 애호가로 영어와 각종 연설을 담당하는 브레인이다. 진은 월드 와이드 핸섬이라는 별명에 걸맞게 영화 시네마의 VIP로 초대되어 7080세대와 어깨를 나란히 하기도 했다. 슈가는 프로듀싱, 작곡, 피아노에 능통하고 목재류 가공에도 능숙한 손재주를 자랑하기도 했다. 제이홉은 가장 먼저 솔로 앨범 《Jack in the box》를 발매할 만큼 음악가로서의 독립을 시작했다. 메탈과 댄스 곡의 경계를 넘나들며, 때로는 강렬하게 때로는 밝고 명랑하게 미래 세상을 향한 '평등', '성취심', '휴식', '미래' 등 음악적 열

---

36 〈We're bullet proof 2〉 뮤직 비디오 공식 영상 유튜브 https://youtu.be/gqhWHy0rrtM에서 감상할 수 있다.

37 2018년 멜론 뮤직 어워드 〈아이돌(Idol)〉 영상은 유튜브 https://youtu.be/ayGl-igrwy8에서 감상할 수 있다.

정을 담은 새로운 발걸음을 시작했다.

지민은 현대 무용이 전공이지만, 전통 춤 가운데 고난도의 살풀이를 소화할 만큼 춤 실력을 갖추고 있다. 최근 발표한 드라마 주제곡 〈With you〉가 빌보드 핫 트렌딩 송 차트에서 오랫동안 1위를 차지하며, 미성과 진심을 담은 음색만으로도 팬들의 사랑을 독차지하고 있다. 뷔는 4차원적 매력과 연기에도 뛰어난 재주를 갖추고 있어서, 드라마 〈화랑〉에 출연하기도 했다. 정국은 태권도, 양궁, 복싱, 달리기 등 운동 감각이 뛰어난 만능 스포츠맨이며, 미술에도 탁월한 재능을 갖추고 있다.

BTS 7명의 멤버들은 자신만의 보컬과 춤을 완성했고, 미술, 스포츠, 광고 등 다른 예술 분야에서도 재능을 발휘하고 있다. BTS는 자신의 한계와 틀을 벗어나서 새로운 세상과 만나고 성장하기를 지속한다. 열정, 도전과 희망의 아이콘인 그들은 음악 프로그램 외에 광고, 연기, 프로듀싱, 상품과 게임 개발까지 예술가로서의 다재다능한 면모를 끊임없이 보여주고 있다.

4.3. 초월적 컬래버의 미학

세계 상위권 부자이자, 아마존 창업자인 제프 베조스(Jeff Preston Bezos)는 자신의 성공 비결을 묻는 사람들에게 자신의 성공 비결은 다양하지만, 그 가운데 '융합(combination)'을 강조했다.[38] 혁신은 창의성이라는 지적 능력을 기반으로 결합과 간소화(simplification)를 동반한 편의성을 제공할 때 대중을 설득할 수 있다. 대중은 여러 가지 기능을 동시에 사용할 수 있는 문명의 이기에 더 자주 접속한다. 최근 시간과 비용을 효율적으로 절감할 수 있는 온라인 중심의 공유 플랫폼이 인기를 끄는 이유이다.

BTS는 해외 유명가수와의 컬래버(collaboration)로, 다른 가수의 음악적 색채와 접목하는 음악적 교류를 자주 한다. 대중음악에서 피처링(featuring)은 협동, 합작을 의미하는 컬래버 작업으로 이해할 수 있다. 피처링은 약자로 'feat.' 혹은 'ft.'로 표기하며, 아티스트의 이름이나 노래 제목 옆에 추가된다. 피처링은 듀엣(Duet)과의 명확한 차이는 없지만, 듀엣보다 한 곡에 참여하는 동료 가수의 비중이 적은 편이다. 노래에 참여하는 두 가수의 분량이 동일해서 완전한 듀엣인 경우 'duet with'라고 표기한다.

BTS의 대표적인 컬래버 곡으로, 미국계 일본인 스티브 아오키(Steve Aoki)와 협업한 〈Mic drop〉이 있다. BTS는 〈Mic drop〉의 노래를 부르고, 아오키는 리믹스를 담당했다. BTS는 아오키의 'Waste it on me'를 피처링하기도 했다.

〈작은 자를 위한 시〉에서는 미국 가수이자 작곡가인 할시(Halsey)와 함께 뮤직비디오를 제작했다. 미국의 가수 겸 작곡가

[38] 현재 아마존의 최고 경영자는 앤드류 제시(Andrew Jessy)이다.

인 라우브(Lauv)와도 협업해서, 라우브(Lauv)의 〈Who〉에 정국과 지민이 피처링을 통해 음원의 미감을 높였다. 라우브는 BTS의 〈Make it right〉에 보컬로 참여해서 특유의 부드럽고 서정적인 음색을 가미했다.

2021년 영국 밴드 콜드플레이(Coldplay)와 〈My universe〉를 완성해서 단기간에 빌보드 핫 100 차트에서 1위를 차지했다. 콜드플레이는 1996년 영국 런던 UCL에서 결성되었고, 보컬인 크리스 마틴(Chris Martin), 기타리스트 조니 버클랜드(Johny Buckland), 가이 베리먼(Guy Berryman), 윌 챔피언(Will Champion)으로 구성된 록 밴드이다. 콜드플레이는 2008년 발표한 〈Viva La Vida or Death and All his friends〉로 여러 개의 그래미상을 수상한 경력이 있다. 〈마이유니버스〉 제작을 위해, 리더인 크리스 마틴이 직접 한국에 와서 멤버들과 노래를 완성하고 음원을 녹음했다. 알엠은 제작 과정에서 작사에 참여했다. 〈마이유니버스〉는 우리 모두는 다르지만, 우주처럼 소중한 존재이며 당신을 항상 우선에 두겠다는 내용을 담고 있다.

BTS는 이처럼 국내와 해외 가수들과 협업으로 노래를 만들고, 피처링을 하는 컬래버(collaboration)로 음악적 유대감을 강화한다.

1990년대 이후 한국에서 출생한 MZ세대는 소수 지배층이 주도하는 약육강식(弱肉强食)의 지배체제와는 다른 목표를 지향한다. MZ세대는 기성세대보다 공익성과 공공의 가치를 더 소중히 여기며, 또래와 소속 집단에 대한 결속력이 강한 특성을 보인다. 인터넷과 핸드폰으로 온라인 소통에 익숙한 MZ세대는 가족을 넘어 밴드, 트위터, 팬덤, 기호에 따른 자율적인 조직을 형성하며 사회 구성원으로서의 가치를 매우 중요시한다. 기성세대들이 발달시킨 교통수단을 이용해서 외국을 마치 이웃집처럼 편하게 왕래한다. 또한 자연과 사람, 동물과의 공존의 가치를 추구하는 경향이 강하다. 기성세대는 사물의 기능을 융복합해서 최소화하고 핸드폰, 컴퓨터, 자동차와 같은 문명의 이기를 1인 1소유와 같이 보편화하는 경향이 있었다면, MZ세대는 오히려 온라인상에 존재하는 세상을 직접 여행하거나 자신만의 것으로 소유하려는 성향이 강하다. 또한 방송이나 유튜브에 만족하기 보다는 실제 공연을 관람해서 아이돌 가수를 직접 만나보고 싶어 하며, 이어폰처럼 최소화된 물건들을 도리어 헤드폰으로 확대하려는 경향도 보인다.

MZ세대는 자기 성장 욕구가 강하고 온오프라인을 통한 세상과의 연결과 소통을 즐긴다. 기성세대의 언어를 그대로 답습하기보다는 언어를 해체해서 축약하거나 영어와 일본어, 숫자와의 합성으로 신조어를 만들기도 한다. 한국의 MZ세대는 '많관부(많은 관심 부탁 드립니다)', '좋댓구알(좋아요 댓글 구독 알림 설정)', '완내스(완전 내 스타일)', '갓생(훌륭하고 모범적인 삶을 살기 위해 일상에 충실하며 성취를 이루는 삶)', '워라밸(일과 삶의 밸런스)', '스라밸(공부와 삶의 밸런스)과 '힙하다(멋지다)'처럼 긴 문장의 첫음절을 따거나 신조어를 공유하면서 축약된 언어로 소통하기를 즐긴다.

BTS의 〈24/7=heaven〉에서 24/7은 신세대들이 사용하는 숫자에 의미를 붙인 신조어로 24시간 일주일 내내라는 의미로 '항상'을 의미한다. 제목 '24/7=heaven'는 첫 데이트를 한 소년이 다음 만날 날을 기다리는 첫사랑의 설렘을 노래했다. 신조어는 숫자의 발음으로 언어의 의미를 축약해서 활용하기도 한다. MZ세대는 미술, 음악과 춤으로 표현되는 예술을 사랑하고 인생을 즐기는 성향이 강하다. BTS는 음악, 게임, 영화와 같은 감성적인 문화 교류를 통해 팬들과의 다채로운 만남을 이어가고 있다.

이지영(2022:201)은 BTS와 국내외 아미는 경쟁이 아니라, 상호보완적인 관계를 유지하는 집단 지성적 특징을 보인다고 설명했다. BTS와 예술가들, 그리고 국내외 아미는 협업을 통해 예술가와 조력자, 관객의 경계가 없이 '자유간접적 관계'가 형성된다. '자유간접적 관계'는 러시아의 사상가 미하일 바흐친(Mikhail Bakhtin)이 제안하고 프랑스의 철학자 들뢰즈(Gilles Deleuze)가 발전시킨 개념으로, 서로의 목소리가 융합되어 새로운 의미를 창출하는 관계다. 이지영은 BTS의 노래는 멤버들과 전문 작곡가, 프로듀서, 해외 가수의 목소리와 생각이 융합된 자유 간접적 관계의 산물이며, 이러한 공유 가치와 다층적 관계는 BTS의 전체 작품과 동료, 그리고 아미와의 관계로 확장된다고 해석했다.

다시 말해서, BTS의 음악은 제작 과정 전체에 전문가들의 실력과 기술이 융합된 종합 예술이며, 뮤직 비디오도 팬덤 아미에 의해 온라인 매체에서 민주적이고 자유롭게 공유되는 특성을 보인다.

4.4. BTS를 지키는 아미 파워

4.4.1. 사랑하Go 사랑받Go

서울에 대설이 내린 날, 아이들이 있는 집집마다 대문 앞에는 눈사람이 서 있곤 했다. 어린 시절 겨울이 되면 마당에 쌓인 하얀 눈으로 눈사람을 만들었다. 유년기 시절 겨울에는 연탄불과 석유곤로에 불을 피워 음식을 만들고, 지붕 밑의 고드름을 따며 놀았다. 가족과 오순도순 행복했던 어린 날의 추억은 성인이 된 지금도 곱게 남아있다.

6명의 대식구가 옹기종기 더불어 살던 유년기의 어느 날, 아빠가 라디오를 사 오셨다. 가족들이 라디오로 처음 시도한 일은 공테이프에 가족의 목소리를 녹음하는 일이었다. 라디오의 녹음기능 버튼을 눌러두고, 아빠, 엄마, 그리고 4남매 순서대로 마이크를 들고 좋아하는 노래를 한 곡씩 불렀다. 막내인 나는 자개농 앞에서 장미화 씨의 〈안녕하세요〉를 부르며 재롱을 떨었다. 4남매를 돌보느라 맞벌이를 하시던 부모님은 막내딸의 재롱을 보며 귀여워하셨다. 먹거리도 풍성하지 않고 나만의 공간도 없었지만, 서로의 존재만으로 행복했던 유년기는 고운 추억으로 남아있다. 방학 숙제로 클래식 음악 감상문을 적어냈던 중학생 시절부터 그리고 별이 빛나는 밤, 차가운 사색과 학구열을 불태우던 고등학생 시절까지 음악은 나의 곁에서 세상의 위인들과 사랑 이야기를 끊임없이 들려주었다. 다분히 학구적이었던 나의 일상에 음악은 항상 든든한 지원군이 되어 주었다.

한번은 치유 강사로 유명한 김창옥 교수의 강연에 참석한 중년 여성이 마이크를 잡고 발언을 할 기회가 있었다. 중년 여성은 김창옥 교수의 강연을 들으면서, 교수님을 정말 좋아하게 되었다라고 용기 내어 말했다. 그러자 김창옥 교수는 그 여성분께 정중한 태도로 대답했다.

"여사님이 저를 좋아하시게 된 건 아마도 제 강연을 통해 여사님께서 자기 자신을 엄청나게 좋아하게 되었기 때문일 것입니다"

이처럼 사람이 누군가를 열렬히 좋아하는 것은 그만큼 자신의 삶에 호기심과 열정이 생겼다는 신호이다. 누군가를 좋아하고 사랑하는 것은 그 대상만큼 자신을 사랑하고 지켜낼 에너지가 있을 때 가능하다. 강사는 자신의 이야기를 경청할 청중이 있을 때 비로소 존재의미가 있다. 강의에 참석하기 위해 중년 여성은 건강을 더 잘 챙기고 의상과 비용을 마련해서 그 자리에 도착했을 것이다. 그래서 사랑과 팬심은 이기와 이타의 균형 속에서 서로의 존재가 없어서는 안 되는 상보적인 성격을 띤다.

<뫼비우스의 띠>

사랑하는 연인, 부모가 되어 24시간 아이를 보살피거나 반려동물을 돌보는 이들은 사랑의 힘을 알고 있다. 아기, 동물, 사랑하는 연인을 보호하려면, 우선 자신을 잘 돌보고 사랑해야 한다. 환자를 돌보는 의료진은 우선 자신이 건강해야 환자를 잘 돌볼 수 있다. 보살핌을 받는 존재는 자신을 돌보는 부모를 무한 신뢰한다. 반려동물도 자신을 길러주는 주인을 신뢰하고 사랑한다. 그들은 주인의 감정과 상태를 말없이 알아채는가 하면 가족의 출입을 살뜰히도 챙긴다. 살아가는 것은 사랑하는 것이다. 영어의 살다와 사랑하다는 'live'와 'love'로 유사하게 발음된다. 독일어에서도 삶과 사랑의 동사형은 'leben'과 'liben'으로 유사한 형태를 띤다. 삶과 사랑의 궤적은 마치 뫼비우스의 띠처럼 서로 맞물려 연결되며, 사랑이 삶인지 삶이 사랑인지 안팎을 구분할 수 없

게 서로 연결되고 이어진다.

4.4.2. MZ세대의 팬덤 양상

1970년대와 80년대에 태어난 X세대는 대중음악과 스타들을 동경하는 마음으로 노래와 춤을 따라 하는 소심한 팬심을 보였다. 물론 스타들의 집이나 공연장을 찾아다니는 열성 팬들도 적지 않았다. 21세기 MZ세대는 팬클럽이 대규모로 활동하며, 조직적으로 움직이는 경향을 보인다. 또한 단순히 연예인을 좋아하는 수준에 머무는 것이 아니라, 그들의 음악 세계와 메시지를 이해하고 아이돌이 구현하고 싶은 이상향을 위한 구체적인 실천과 선행에 적극적으로 동참한다.

아미(ARMY)는 방탄소년단의 공식 팬클럽 이름이다. 방탄소년단의 팬들은 2014년 3월 29일 BTS: 첫 번째 Fan Meeting MUSTER를 갖고 처음으로 1기 팬클럽을 결성했다. 2014년 7월 9일 BTS의 팬 카페가 공식적으로 팬클럽 이름을 발표했다. 결성 초기 아미(ARMY)는 'Adorable Representative MC for Youth'의 약자였다. 아미(ARMY)를 번역해보면, '젊은 세대를 대표하여 자신의 목소리를 내는 사랑스러운 사회자'가 된다. 빅히트와 BTS의 음악적 비전을 간파한 팬클럽의 공조인지 우연의 일치인지는 알 수 없지만, 어쨌든 아미는 BTS가 추구하는 음악 활동의 취지를 담고 있다. 아미(ARMY)는 영어로 '군대'를 의미하고, 프랑스어로는 '친구(Amie)'를 의미한다. 한자어로 蛾眉(아미)는 아름다운 눈썹을 가진 선남선녀를 의미한다.

ARMY

아미는 군대와 방탄조끼처럼 방탄소년단을 지키며 늘 함께 하는 팬덤(fandom)을 의미한다. 아미는 현세대의 위험을 막아내고, 인권의 사각지대에 있는 소수를 보호하는 시대의 메신저인 방탄소년단의 여정에 동행한다. 아미는 BTS의 리드에 독특한 팔로우십을 보이며 선행을 실천하는 팬덤이다.

빅히트는 데뷔 초기 BTS의 얼굴을 알리기 위해 유튜브와 SNS로 홍보했다. 소규모 예산으로 멤버들을 홍보하기 위해 연습생 시절부터 일상을 그대로 공유하며 팬층을 확보해갔다. 초창기 BTS는 힙합과 랩으로 인권의 사각지대에 있는 약자를 대신하고, 기성 체계의 불합리에 분노하는 음악을 추구했다. 이 과정에서 수많은 헤이터들의 견제가 있었다. 뜬소문과 악성 댓글 세례

를 받을 때마다 아미가 BTS의 방패가 되어 헤이터와 싸웠다.[39]

2018년 방탄소년단의 한 팬이 공식 팬 카페에 청원을 올렸다. 청원은 BTS의 포스트에 악성 댓글을 다는 헤이터에 대해 소속사의 고소를 부탁하는 내용이었다. 팬 카페 회원 수만 명이 청원에 참여했고, 빅히트는 악성 댓글자를 법적으로 대응하겠다는 공지를 올렸다. 소속사의 공지가 올라간 후 각종 커뮤니티와 게시판에서 BTS를 비난하는 글들이 순식간에 사라졌다. 아미는 스스로 질서와 규칙을 만들어 캠페인을 전개하는 자율형 조직이다.

2018년 방탄소년단이 빌보드 시상식에 참석하기 위해 LA에 도착했을 때, 미국 아미들은 보라색 리본을 묶어 멤버들의 동선을 확보하고 공항 스태프를 존중하자는 내용의 '퍼플리본 캠페인'을 전개했다. 한국 아미들도 공항에서 안전거리를 유지하고 함성이나 신체 접촉을 하지 말자는 내용으로 '아미 공항 안전 캠페인' 포스터를 배포했다.[40]

---

[39] 김남국(2018:210) 참고.

[40] 김남국(2018:212-213) 참고.

2021년 미국 LA 소파이 스타디움(Sofi Stadium)에서 BTS는 11월 27일, 28일, 그리고 12월 1일, 2일 모두 4일간의 현장 공연으로 해외 팬들과 만났다. BTS 멤버들은 팬들을 위해 코로나라는 상황을 무릅쓰고 미국으로 향했다. 코로나가 완전히 종식되지 않았지만, 아미들의 BTS 공연을 보겠다는 일념은 감염에 대한 공포도 잠식시켰다. 국내외 아미들은 공연을 보기 위해 비행기에 올랐다.

공연 당일 소파이 스타디움 주변에는 공연 관계자, 팬덤, 아이템을 파는 상인들이 한꺼번에 몰려들었다. 준비가 다소 미흡했던 공연 첫 날, 아미들은 공연장 입구에서 엉뚱한 곳에 줄을 서는 팬들의 자리를 손수 안내하고 혼란한 상황을 정리했다.[41] 공연을 마치자, 스타디움 근처 도로는 귀가하는 차량이 한꺼번에 이동하며 일시적인 병목현상이 일어났다. 이때 아미들은 자발적으로 아미 봉을 흔들며 스스로 교통을 정리했다. 아미는 팬으로서 BTS의 음악을 사랑할 뿐만 아니라, 실생활에서의 위험을 막아내고 질서를 유지하며 선행을 실천하는 사려 깊은 팬덤이다. BTS의 소파이 공연은 한 노인의 일생일대의 버킷리스트이기도 했고, 한 남성이 사랑하는 여인에게 사랑을 고백하는 로맨틱한 장소가 되기도 했다.

연예인은 팬들의 사랑으로 활짝 만발한 꽃 같은 존재이지만, 그

---

41 이지영(2022:313) 참고.

들의 인기와 사랑을 질투하는 악플러에도 노출될 가능성이 있다. 특히 BTS 멤버들처럼 SNS라는 오픈된 공간에서 소통하는 연예인들에게 악플은 비수만큼이나 위험하다. 연예인들도 상처받기 쉬운 연약한 젊은이며, 우리의 귀하고 소중한 아들, 딸이다. BTS도 자신의 음악적 재능으로 현재에 최선을 다하는 예술인들이다. BTS가 더 훌륭한 아티스트로 성장하도록, 예술 표현의 자유와 인권과 사생활을 철저히 보호해주는 성숙한 배려가 필요하겠다.

4.4.3. 뷔와 차이나 바이두 뷔바

'차이나 바이두 뷔바(China Baidu Vbar)'는 뷔를 위한 중국 팬덤의 이름이다. 중국 팬덤은 특별히 뷔에 대해 각별한 애정을 가지고 있는 것 같다. 12월 30일은 뷔의 생일이다. 차이나 바이두 뷔바는 뷔의 생일을 축하하기 위해 2020년 세계에서 가장 높은 건물인 두바이의 부르즈 할리파(Burj Khalifa)에서 첫 번째 생일 축하 조명 쇼를 연출했다. 축하 영상은 뷔가 BTS의 멤버와 제작자, 그리고 배우로 활동한 영상과 '보라해(We purple you)'라는 자막이 담긴 3분의 영상 쇼였다. 뷔의 솔로 곡 〈winter bear〉를 배경음악으로 삼았다.[42]

2021년 12월 30일 차이나 바이두 뷔바는 뷔를 위해 두 번째 생

---

42 2020년 두바이 부르즈 할리파에서 방영된 뷔의 첫 번째 생일 축하 영상은 유튜브 채널 https://youtu.be/75XvBqu69S4에서 감상할 수 있다.

일 축하 이벤트를 준비했다. 뷔의 생일을 축하하는 부르즈 할리파에서의 두 번째 조명 쇼가 펼쳐졌다. 뷔의 〈Inner child〉에 맞춰 '우리는 당신을 보라합니다(We purple you)'로 시작하는 글귀와 함께 가수, 연기자, 제작자로 활동한 8년간의 뷔의 활약상을 담았다.[43]

2021년 7월 19일 칼리워나 라토드(Kalywyna Rathod)가 작성한 인도 잡지인 '페미나(Femina)' 기사에 따르면, 차이나 바이두 뷔비는 뷔의 본명인 김태형의 이름을 딴 초등학교를 세우기 위해 단 1시간 만에 842,500달러(한화로 약 10억 8천만 원)를 모금했다. 이 팬클럽은 자오시 마을(赵西村)[44]에 '태형 희망 초등학교'를 세웠고, 학교에 100m에 달하는 '김태형 도로'와 10미터 규모의 '김태형교(金泰亨橋)를 만들었다. 그들은 또한 비영리단체인 중국청소년발전기금회(CYDF:China youth Development Foundation)[45]의 희망 프로젝트를 통해 태형초등

43 2021년 뷔의 두 번째 생일 축하 영상은 유튜브 채널 https://youtu.be/vQ9pvjd6ZXY에서 감상할 수 있다.

44 중국 산동성 요성시 치평현에 소재한 마을(赵西村隶属于山东省聊城市茌平县振兴办事处赵西村) - 출처 네이버 중국어 사전

45 CYDF는 중국 청소년발전 기금회(China Youth Development Foundation)로 중국어로는 '中国青年少年发展基金会:中国青基会(중궈칭지회이)'라고 부른다. 1989년 3월 설립되어, 성금을 모아 청소년의 능력을 향상시키고 성장 환경을 개선하는 일에 사용하고 있다. 중국 전역에서 모두 37개 지방에 중국청기회(中国青基会) 공동체가 있다. 2020년까지 175.8억 인민폐(元)를 모금해서 가정환경이 어려운 학생들을 도왔다. 초등학교 20,593개를 건설하기 위해 광범위하고 가장 영향력 있는 공익사업 추진을 목표로 삼고 있다. 2022년 1월 3일 검색.

학교를 추가로 건설하고 있다. 한국 기업 가운데 삼성, 아시아나 항공, 그리고 LG 화학(LG Chem.)이 중국 청소년 개발 사업에 동참하고 있다. 중국 청소년 개발(CYD)은 이처럼 농촌 지역 아동들의 교육 기회를 보장하기 위해 모금과 학교 건축 사업을 동시에 진행하고 있다. 차이나 바이두 뷔바는 "우리는 기록의 창조자다, 우리는 BTS의 뷔, 김태형의 팬으로서 뷔를 최고로 만들기 위해 최선을 다한다"고 밝혔다.

〈대성초등학교 정문〉

〈정문 오른 편 담장, 뷔(V) 거리〉

한편 차이나 바이두 뷔바는 뷔가 졸업한 대구 대성초등학교 진입로에 타일 아트로 학교 담장을 장식했다. 2021년 대성초등학교 오른쪽 담장에 높이 2m, 가로 33m의 타일로 만든 벽화가 설치되었고, 같은 해 5월, 추가로 25m의 타일 아트 공사가 진행되었다. 대성초등학교 담장에는 뷔의 사진과 솔로 곡 〈Winter bear〉, 드라마 '이태원 클래스'의 OST 곡인 〈Sweet night〉, 그리고 뷔가 좋아하는 반 고흐의 그림이 타일 아트로 장식되어 있다. 담장 길을 따라가다 보면, 태형을 사랑한다는 내용의 태국어, 중국어, 일본어 등 외국어가 새겨져 있다. 크게 성공한다는 의미의 '대성(大成)' 초등학교의 이름처럼, 꼬마 태형은 멤버인 슈가와 함께 대구의 자랑스러운 예술가를 대표하고 있다. 대성 초등학교의 후배들은 학교에 새겨진 태형의 사진과 노래를 보며, 언젠가 뷔처럼 성공할 자신들의 미래를 상상하고 있을 것이다.

〈대성초등학교 옆 뷔를 위한 아트 담장을 방문하다〉

BTS와 아미는 세상을 더 정의롭고 아름다운 곳으로 만들려는 포부를 당당히 밝힌다. MZ세대는 자기 성취욕이 강하며 자기 인생의 성장과 성공을 추구하는 성향이 강하지만, 공유재를 나누고 공공의 선을 추구하는 사회 구성원으로서의 의식 또한 강하다. BTS와 아미는 음악을 사랑하고 공유하는 아티스트와 팬덤의 관계를 넘어서서, 자유롭고 공평한 미래를 선도하기 위해 현 세대를 대표하는 행동파다. 그들은 자신들의 신념대로 국경을 초월한 아동 교육과 학교 건설에 기부금을 내고, 아동과 청소년의 교육 기회를 보장하는 일에 적극 동참하고 있다. BTS와 아미는 이처럼 기부와 선행으로 차세대를 보호하고, 세대의 위험을 막아내는 활동을 적극적으로 실천하는 시대의 귀감(龜鑑)이 되고 있다.

4.5. 아미를 지키는 북두칠성, BTS

BTS는 각종 시상식에서 가장 먼저 아미에게 감사의 마음을 전한다. 때때로 공연과 방송 무대에서 아미의 로고를 함께 올리기도 한다. BTS는 해외 공연이나 시상식에 참석한 후, 브이 라이브를 켜서 아미와 수상의 영광과 기쁨을 나눈다.

'보라해'라는 말은 아미들과 BTS의 사랑과 신뢰의 표현이다. '보라해'는 BTS의 뷔가 처음으로 사용한 말로, 아미들은 그 내용을 알고 있다. 뷔는 방탄소년단의 상징인 보라색을 모티브로, '보라해(I purple you)'라는 신조어를 만들었다. '보라해'의 의미는 나는 아미를 사랑하고 영원히 신뢰한다. 나는 당신을 오랫동안 보고 싶다(I love you and I trust you forever. I want to see you for a long time)라는 뜻이다. BTS의 공연장과 시상식에서 BTS는 자주 아미들에게 보라해를 외친다.

국제적인 팬덤 아미가 BTS를 좋아하는 것은 BTS의 존재와 음악을 통해 아미 스스로 자신을 더욱 사랑하게 되었기 때문일 것이다. BTS도 아미는 정말 매력적인 팬들이며, 자신들이 음악을 만드는 동기(motives)가 된다고 말한다. BTS의 〈작은 것들을 위한 시〉의 가사처럼 '사랑은 사랑하는 사람보다 강하지 않다'(Love is not stronger than a boy with love). 사랑하는 사람은 추상명사인 사랑, 그 자체보다 현실적으로 강하며 더 많은 일을 성취해낸다. BTS는 자신들의 음악 세계를 이해하는 사랑스런 아미를 위해 노래를 만들고, 아미는 BTS의 음악을 통해 삶의 활력을 얻는다. BTS와 아미는 서로가 서로의 모티브가 되어 자기애와 성장을 실천하고 서로의 삶을 응원한다. 아미는 시대의 위험을 막아내고, 자기 성장을 통해 소수와 약자를 품는 따뜻한 강자, 앙팡 맨과 앙팡 워먼으로서의 행보를 계속하고 있다.

4.6. 하이브(HYBE)의 비약적(飛躍的) 도약

4.6.1. BTS <이사>의 다의적 의미

결혼 전까지 나는 이사를 한 적이 없었다. 서울에서 결혼 전까지 22년간 이문동 단독 주택에서 줄곧 살았다.

주민등록 초본을 떼어보면, 자신이 살았던 곳의 주소가 나온다. 올해 초, 딸아이의 부탁으로 초본을 떼어본 적이 있었다. 놀랍게도 나는 결혼 후 모두 7번 이사를 했다는 기록이 남아있었다. 23살이 되는 해에 결혼해서, 신혼 생활은 잠실의 반 지하 단칸방에서 시작했다. 반 지하 방의 단점은 습기가 많이 차는 것이다. 장마철마다 제습기를 돌려도 습기가 실내로 스며들었다. 첫 아이를 출산한 후, 생후 6개월이 된 젖먹이를 안고 관악구로 이사를 했다. 나는 서울에서 5번 전셋집을 옮기고, 김포에서 6년을 지낸 후 일곱 번째로 대구로 이사 와서 지내고 있다. 한 번은 이사할 집과의 전세 계약 기간이 맞지 않은 일이 있었다. 난감한 상황에서 남편 직장 동료의 도움으로, 숭실대학교 사회봉사관에서 아이들과 열흘을 지냈다. 추운 겨울, 커피포트와 간단한 의류, 아이들의 학용품만 가지고 나와 식당 밥을 먹고 공사를 앞둔 텅 빈 건물에서 생활했었다. 그 때 우리 부부는 두 딸을 위해서라도 집은 반드시 마련해야겠다는 결심을 했다. 부부가 된다는 것, 그리고 부모로 살아간다는 것은 가족의 생계와 주거를 위해 매일 책임이 따르는 현실 자체이다. 우리 부부는 아파트 대출금과 생활비 마련을 위해 일을 하고, 아이들은 또래 친구들과 우정을 나누며 자유롭게 성장해갔다.

알뜰하게 생활하며 전세를 탈출한 가족은 마침내 우리만의 첫 보금자리를 마련했다. 고향 서울을 떠나오는 것이 못내 아쉬웠지만, 안정감을 줄 수 있는 보금자리로 이사를 감행했다. 새로 이사한 집에서 나는 한참 동안 외출을 하지 않았다. 아무도 이사를 강요하지 않는 우리만의 공간은 마치 엄마의 자궁처럼 편안하고 안정감을 주었다. 지금의 알뜰한 살림 습관은 대출을 갚으며 생활비를 최소화하면서 생긴 듯하다. 가난과 결핍은 사실 누구에게나 불편하다. 하지만 언젠가 집을 마련하고, 여유롭게 지낼 일상을 생각하며 성실히 살다 보면 결국 목표점에 도달하게 된다. 원하던 목표를 달성할 때의 희열과 행복감은 목표에 도달한 사람에게 주어지는 일종의 보상이다.

이사 가자

정들었던 이곳과는 안녕

이사 가자

이제는 더 높은 곳으로

텅 빈 방에서 마지막

짐을 들고 나가려다가

잠시 돌아본다

울고 웃던 시간들아

이젠 안녕

BTS 〈이사〉 중에서

BTS 〈이사(移徙)〉의 가사 내용을 보면, BTS 자신들의 인생 역사가 고스란히 담겨있음을 발견할 수 있다. 〈이사〉는 BTS가 이사라는 물리적 장소의 이동을 인간의 출생, 신분과 심리의 변화와 같은 다의적 의미로 해석하고 있음을 알 수 있다. 가사에는 멤버들이 10년 전 논현동 3층 작은 월세 방에서 라면을 먹으며 지내던 연습생 시절의 희비가 교차하는 심리, 어려운 시기를 극복하고 마침내 새로운 국면으로 접어드는 다분히 철학적 감성들이 고스란히 녹아있다. BTS의 〈이사〉는 안식처의 이동을 포함한 세 가지 이상의 철학적인 의미를 내포하고 있다.

첫째, 이사는 물리적 장소의 이동을 의미한다. 비좁은 월세 방에서 더 넓고 새로운 안식처로 이동하는 장소의 확장을 의미한다.

둘째, 이사는 출생을 의미한다. 이사는 태아가 세상에 태어나는 순간을 비유한다. 자궁 속에서 모체가 공급하는 산소와 영양소로 지내던 태아는 출생과 동시에 모체 바깥으로 밀려난다. 출생한 순간부터 태아는 호흡과 영양 공급을 온전히 스스로 해결해야 한다. 자신의 폐로 호흡하고, 후각만으로 모체의 젖을 찾아 영양을 공급받으며 생장하기 시작한다. 그러고 보면, 우리 모두는 부모의 온전한 돌봄과 강인한 생존본능으로 이사한 지구별에서 지금까지 생존해 있음을 알 수 있다.

셋째, 이사는 신분의 변화를 의미한다. BTS의 이사는 아이돌 지망생에서 전문적인 예술가로 이동한 신분과 지위의 변화를 의미한다. 인생의 단계를 크게 구분해보면, 영유아기와 아동기, 청소년기를 거쳐 청년기, 중장년기, 노년기라는 단계를 거친다. 영유아기부터 청소년기까지는 성장과 배움의 시기이자, 사회인이 되기 위한 꿈을 탐색하는 시기이다. 연예인, 공무원, 작가, 학자라는 인생의 목표를 향해 노력과 열정을 쏟게 된다. 바다를 항해하는 선박처럼 자신의 꿈의 섬에 도착하려면 시간이 걸리지만, 꿈에 도달하는 순간 우리는 엄청난 희열을 만끽할 수 있다.

넷째, 이사는 다투고 분쟁하는 유아기적 심리 상태로부터의 이탈을 의미한다. 〈이사〉는 의견이 맞지 않아서 다투고 오해하던 긴장과 갈등 관계에서 평화롭고 성숙한 관계로 바뀌는 화해를 의미한다.

BTS의 〈이사〉는 이처럼 생물학적 탄생과 성장, 공간적 확장, 신분 상승과 관계의 성숙과 같은 다분히 철학적인 내용들이 들어 있다. 물리적 장소의 이동이라는 본래의 의미에서, 모체로부터의 출생, 그리고 신분과 관계의 변화와 같은 철학적인 의미를 부여했다. 이사는 장소의 이동과 동시에 다툼이 있던 과거와의 완전한 결별을 선언한다. 팬들은 BTS의 〈이사〉를 통해, 출생부터 지금까지 살아온 생존 본능, 부모로부터 독립된 존재로 살아가야 하는 청년의 과제,관계의 개선과 같은 다양한 주제들을 연상하게 된다. BTS의 〈이사〉는 과거의 상태에서 한 단계 업그레이드된 단계로의 이동을 뜻하며, 더 이상 과거에 연연하지 말고 당당하게 새로운 단계로 이동하자고 권유한다. BTS의 음악은 단순히 물리적 현상만을 언급하지 않는다. 삶, 경험, 변화라는 고차원적이고 철학적인 메시지들이 그들의 음악에 투영(投影)되어 있다.

4.6.2. '하이브(HYBE)' 로의 이사

'빅히트'(Big Hit Entertainment)는 설립된 지 16년 만에 비로소 '하이브'로 이사했다. 2021년 3월 '빅히트'는 용산으로 사옥을 이사하며, 회사의 이름을 '하이브(HYBE)'로 바꾸고 방 대표는 하이브의 의장이 되었다. 빅히트는 2021년 3월 하이브로 옮긴 후, BTS를 포함한 가수, 아이돌, 타 기업을 흡수해서 빅히트 외에도 빌리프랩(Belief Lab), 플레디스(Pledis), 코즈(Koz) 등의 국내 엔터기업을 영입하고 일본 미국 지사를 가진 회사로 확장하는 쾌거를 달성하게 된다.

기업은 보통 유가 증권 시장에 상장 이전과 상장 이후의 기업으로 크게 나눌 수 있다. 한국에서 주식회사라는 단어를 많이 사용하는데, 주식을 발행해서 주주가 있는 회사가 코스피(KOSPI)[46]에 상장해서 증권거래소에서 거래가 되기 시작하면, 마침내 상장 회사로 부를 수 있다.

유가 증권 시장에 상장되기 이전의 비상장 스타트업은 기업 가치를 기준으로 유니콘(Unicorn)과 데카콘(Decarcon)으로 양분된다. 유니콘이라는 용어는 2013년 미국의 벤처 투자가인 에일린 리(Aileen Lee)가 처음으로 사용했다. 유니콘(Unicorn) 기업은 두 날개와 머리에 뿔이 하나 달린 유니콘 모양을 가진 전설상의 동물로, 상장이전의 비상장 기업을 가리킨다. 유니콘 기업은 비상장 벤처투자 기업으로, 기업가치가 1조 이상(10억 달러)이고 창업 10년 이하인 비상장 기업을 가리킨다. 국내 유니콘 기업으로는 쿠팡, 야놀자, 위메프, 쏘카 등이 있다.[47] 해외 기업으로는 깃허브(GitHub), 핀터레스트(Pinterest), 에버노트(Evernote) 등이 있다.

기업 가치가 유니콘 기업의 10배인 10조(100억 달러)로 평가되는 거대 스타트업을 데카콘 기업이라고 부른다. 데카콘은 미국

---

[46] 코스피(KOSPI)는 한국에서 두 가지를 의미한다. 첫째, 한국 종합 주가지수(Korean Composite Stock Price Index)로 증권 시장에 상장된 기업의 전체적인 주가를 기준시점과 비교하여 나타내는 지표이다. 둘째, 한국 대표 주식시장으로 한국의 대기업과 중견기업들이 몰려있는 주식시장이다. 코스피 상장 요건은 기업 자본 300억 이상, 최근 매출액이 1,000억 원 이상, 3년 평균 700억 이상, 상장주식 100만주 이상, 주주 수 700명 이상 등의 요건을 갖추어야 한다.

[47] 위키백과 '유니콘 기업' 참고.

의 경제통신사인 블룸버그(Bloomberg)가 처음 사용한 용어로, 데카콘은 유니콘처럼 머리에 뿔이 10개 달린 상상의 동물이다. [48]유니콘 기업의 가치가 10배 상승하면 데카콘 기업으로 분류되는데, 해외 기업가운데 미국의 우버(Uber), 에어비앤비(Air B&B), 중국의 샤오미(小米), 디디추싱(滴滴出行) 등이 데카콘 기업에 속한다.

2005년 작은 기획사였던 빅히트는 2018년 이미 유니콘 기업으로 분류되었고, 2020년 10월 15일 '빅히트'라는 주식 명으로 한국 코스피(KOSPI) 유가 증권 시장에 상장했다. 2021년 3월 31일 회사의 명칭을 '하이브(HYBE)'로 바꾸면서 주식 명도 교체했다. 하이브는 작은 엔터 기업에서 유가증권 시장에서 거래가 되면서 기업 가치와 인지도가 놀랍게 상승했다. 하이브는 여러 레이블(Label), 그리고 일본, 미국 지사와 위버스(Weverse) 등 다양한 플랫폼을 가진 회사로 확장했다. 현재 빅히트가 소속된 하이브 레이블 본사는 서울특별시 용산구에 있다. 하이브는 보안을 위해 외부인의 출입과 주차는 철저히 통제되며, 다만 하이브 직원과 보안 팀만 출입할 수 있다.

---

[48] 위키백과 '데카콘 기업' 참고.

〈하이브가 입주한 건물〉

하이브 레이블 가운데 유일하게 팬들이 방문할 수 있는 곳은 '하이브 인사이트(HYBE INSIGHT)'로 BTS와 하이브 소속 아이돌의 영상과 기록을 모아둔 박물관이다. 하이브 인사이트(www.hybeinsight.com)는 화요일부터 토요일까지 개방되며, 방문 전 반드시 온라인 예약을 통해서만 입장이 가능하다. 하이브 인사이트에는 소속 가수들의 공연 의상, 트로피, 그리고 사진, 공연 영상으로 전시회를 개최하거나 아이돌 관련 상품을 판매하기도 한다.

<하이브 인사이트 입구>

하이브(HYBE)는 레이블(Label)과 솔루션(Solution), 위버스(Weverse)의 세 영역으로 사업을 확장했다. 하이브에는 BTS가 소속된 빅히트 외에도 가수 이현, 세븐틴(Seventeen), 여자친구(Girlfriend), 투모로바이투게더(TXT), 엔하이픈(Enhypen), 뉴이스트(Newest), 프로미스9(Fromis 9), 나나, 지코(Zico), 르세라핌(Le sserafim), 뉴진스(Newjeans)와 같은 가수와 아이돌들이 소속되어 있다.

위버스의 전신인 beNX(비엔엑스) 시절에는 BTS만을 위한 단독 쇼핑몰이 있었다. 2019년 투모로우바이투게더(TXT)의 데뷔를 시작으로, 엔하이픈 등 국내외 가수와 보이그룹을 위한 59개의 플랫폼이 완성되었다. 위버스(www.weverse.io)는 국내외 대중가수들과 팬들의 소통과 공연 예매, 스타 관련 상품을 판매하는 소통과 거래를 위한 새로운 형식을 갖추고 있다. 위버스에서는 포스트와 댓글을 통해 아이돌과 팬들의 직접 소통이 가능하다. 위버스는 기존에 유튜브, 공식 팬 카페, 아이돌 관련 상품을 판매하는 쇼핑몰로 파편화되어 있던 소통과 쇼핑몰의 기능을 융합해서 제작한 신개념 플랫폼이다.

2021년 4월, 하이브는 미국 엔터회사인 '이타카 홀딩스(Ithaca Holdings)를 인수해서, 스쿠터 브라운(Scooter Braun)이 하이브 사내 이사와 하이브 아메리카 CEO를 겸임하고 있다. 2022년 7월 기준, 하이브의 3대 대표 주주는 방시혁 의장과 국민연금공단, 그리고 빅히트이다.

4.6.3. 하이브의 경영 철학과 도약

하이브의 로고는 분리된 두 곳을 연결하는 교량을 상징하는 H자 모양의 '/-/'이다. 하이브의 민희진 CBO[49]는 하이브의 로고가 '연결', '확장', '관계'를 의미한다고 설명한다. 하이브의 로고 '/-/' 모양은 화음을 그려내는 오선보가 하나의 선으로 통합된 모습으로, 하이브가 음악을 매개로 사업을 융합하고 다시 확장하려는 기업의 정체성을 보여주고 있다. 융합과 확장이라는 하이브의 이념을 따라 하이브는 타 기획사와 연예인을 흡수하는 포용성과 해외 지사로 확장하는 기업의 국제화를 실현하고 있다.

---

49 CBO는 'Chief Brand Officer'의 약자로 최고 브랜드 경영자를 의미한다.

<하이브 본사 앞에서>

하이브 본사 앞의 투명한 유리 상판에는 연결과 재확장을 상징하는 하이브의 로고와 'We believe in music(우리는 음악을 믿는다)'이라는 구호가 적혀있다. 그들은 음악 산업의 새로운 비즈니스 모델을 제시하고, 경쟁이 아닌 통합과 연대(連帶) 방식으로 음악 산업을 경영하고 있다. 하이브는 소속 가수들 뿐만 아니라, 타 기획사의 연예인까지 위버스, 브이라이브 등 플랫폼에 영입하는 개방성을 유지하고 있다. 하이브는 연예인의 활동을 지원하는 레이블 사업을 통해 팬들과의 자연스러운 소통을 유도하는 한편, 공연, 한국 음식, 체조 등에 관한 영상 콘텐츠와 한국어 교육, 게임 콘텐츠를 지속적으로 개발해서 제공하고 있다.

하이브는 2022년 3월 타임즈(Times)에서 선정한 가장 영향력 있는 100대 기업(100 most influential company)에 2년 연속 선정되는 영광을 누렸다.[50] 하이브는 애플(Apple), 화이자(Pfizer), 틱톡(Tiktok), 발렌시아가(Valenciaga), 디즈니(Disney), 스포티파이(Spotify)와 같은 해외 대기업과 더불어 가장 영향력 있는 세계 100대 기업에 당당히 선정되었다. 방시혁 의장과 BTS는 올 해 타임지 4월 11일자에 표지 모델로 등장했다.[51] 하이브는 음악으로 세상을 변화시키고, 포용과 연대의 방식으로 팬들을 위로하고 재미와 감동을 주는 음악과 게임, 교육, 한국어, 음식 등 다양한 콘텐츠 사업을 통해 세계인의 일상과 여가 시간을 동행하고 있다.

50 최윤정기자, 하이브, 타임지 선정 영향력 있는 100대 기업 2년 연속 포함, TV조선, http://news.tvchosun.com/site/data/html_dir/2022/03/31/2022033190051.html 참고. 2022년 3월 31일,

51 하이브 쓰리식스티(HYBE 360), 하이브 아이피엑스(HYBE IPX), 하이브 에듀(HYBE EDU), 수퍼브(Superb), 하이브 솔루션즈 재팬(HYBE Soultions Japan), 하이브 아메리카(HYBE America), 하이브 T&D 재팬(HYBE T&D Japan)을 통해 공연 기획, 영상 콘텐츠, 학습, 게임 사업을 추가로 전개하고 있다.

5

BTS의 국제적 위상과 성공 요인

BTS의 국제적 위상과 성공 요인

BTS의 국제적 위상과 성공 요인

• • •

5.1. BTS 효과

2019년 4월 17일 《Map of Soul:Persona》 발매 기념행사에서 리더인 알엠은 자신들의 팬들을 향한 마음을 다음과 같이 표현했다.

"삶은 아이러니로 가득하고 모든 좋은 것은 투쟁과 눈물의 결과다. 겉은 다르지만 우리 속을 들여다보면 스스로를 사랑해야 함을 알 수 있다. 팬들과 우리의 에너지가 만나서 아이러니를 극복해야 한다."

BTS 멤버들은 누구도 자신을 알아보지 못하던 연습생 시절에 무명 가수의 서러움, 월세와 생활비를 걱정하는 어른의 삶을 일찌감치 경험했다. 하루 10시간 넘게 노래와 안무를 연습하면서도 데뷔하고 인정받는 날이 올까를 걱정했었다. 가난과 무명의 서러움을 극복한 그들은 아직 꿈을 이루지 못한 청춘의 마음을 너무나 잘 이해한다. 현재는 넘사벽의 국제적 명성을 지닌 아이돌이지만, 무명 시절을 통과하는 약자의 처지를 너무나 잘 이해한다.

서울에서 연습생 시절에 알바를 했던 슈가는 사고로 어깨를 심하게 다친 적이 있었다. 소속사는 슈가의 부상을 알게 된 후, 경제적으로 도움을 주고 완전히 회복될 때까지 기다려주었다. 제이홉의 어머니는 제이홉을 위해 타 지역에서 일을 하셨다고 한다. 제이홉은 힘든 시절을 견뎌주신 어머니의 사랑과 희생에 감사하며 이젠 자신에게 기대어 쉬라는 내용의 〈마마(Mama)〉를 만들기도 했다. 그들은 여전히 무명 시절에 가졌던 순수한 초심과 소년의 마음을 간직하고 있다. BTS는 이제 단순히 가수로서 인기를 끄는 목표에 더 이상 집착하지 않는다. BTS는 음악으로 팬들의 시청각을 만족시키는 피상적인 위로에 머물지 않는다. 그들은 구체적으로 슬픔과 어려움에 빠진 사람들에게 불현듯 나타나 힘과 용기를 주고, 수시로 위로와 감동을 주고 싶어 한다.

팬들은 성격, 출신, 특기가 서로 다른 BTS 멤버들의 다양한 개성을 소중히 여긴다. 팬들은 BTS와 함께 자신의 영역에서 성장을 꿈꾸며, 쓰러지고 조금 아파도 오뚝이처럼 다시 일어날 용기를 얻는다. 이처럼 BTS의 성장과 성공 과정을 지켜 본 아미들은 자신의 분야에서 긍정적으로 자기 사랑을 실천한다. 아미들은 무대에서 완벽한 퍼포먼스를 소화하는 BTS의 모습, 그리고 편한 티셔츠와 청바지를 입은 소탈한 멤버들의 인간적인 매력 모두를 좋아한다. 팬과 아이돌의 다방면의 소통은 팬과 스타의 거리감을 좁혀주고 서로가 각자의 삶을 응원하는 진정한 친구 관계가 성립된다.

홍석경(2020)은 "내가 가장 어려운 시기에 BTS가 자신을 구원해주었다"는 팬들의 말을 인용하며, 팬과 아이돌 사이의 이러한 상보(相補)적 관계를 동일시 메커니즘(identification mechanism)이라고 설명했다.[52] 팬들은 자신의 모습을 닮은 멤버와 자신을 동일시하며 자신에게서도 잠재력과 성공의 가능성을 발견한다. 팬들에게 BTS는 단순히 선망과 부러움의 대상이 아니다. 팬들은 수평적 구조에서 BTS처럼 실제 자기 인생에서의 비상과 도약을 꿈꾸기 시작한다. BTS는 이처럼 음악으로 팬들을 선도(善導)하고 실제 삶에 변화를 주는, 이른바 '방탄소년단 효과(BTS Effect)'를 일으키고 있다. BTS의 영향력이 팬덤에게 미치는 효과는 비가시적이어서 일일이 증명하긴 어렵지만, 분명히 팬덤 아미들의 삶에 긍정적이고 강력한 파급효과를 주고 있다. BTS의 음악에 담긴 메시지와 질서를 지키면서도 조용히 움직이는 아미의 선행을 통해 그 효과를 확인할 수 있다.

첫째, 방탄소년단 효과는 소수와 약자를 보호하고 치유한다.

BTS는 세상 곳곳에서 소외되거나 무시 받는 약자와 어린이를 위

---

52 홍석경(2020:173) 참고.

해 2018년부터 유니세프에서 자기 사랑(#Love myself)과 폭력 근절 운동(#Endviolence) 캠페인을 전개하고 있다. 또한 여성의 인권 문제를 부각하고, 양성평등과 교육, 그리고 행복한 삶을 추구할 권리를 주장했다. BTS는 실제로 자신의 소유를 나누어 약자와 어린이를 돕는 기부 활동에 동참하고 있다. 2021년 10월 BTS는 2017년부터 시작한 'Love myself 캠페인'을 통해 유니세프에 43억을 기부했다. 미술에 각별한 애정을 가진 알엠은 현대미술관에 방문하는 어린이들의 무료입장을 위해 1억을 기부한 일이 있다. 제이홉은 자신의 고향인 전남여상의 50명의 여고생들에게 장학금을 기부했다. 이처럼 BTS는 자신들의 수익을 성장 중인 어린이와 청소년들을 후원하는 데 사용하고 있다.

2020년 5월 25일 미국에서 위조지폐 사건과 연루해 경찰의 과잉 진압으로 흑인 조지 플로이드(George Floyd)가 사망한 사건이 있었다. 이 사건을 계기로, 흑인의 인권과 생명에 대한 항의 시위가 미국 전역에서 발생했다. BTS는 흑인 생명의 존엄성(Black Lives Matter)에 동참하는 의미로 한화 12억을 기부했다. BTS는 음악으로 팬들의 상처 난 마음을 위로하고 격려할 뿐만 아니라, 무고히 어려움에 처한 이웃들을 돕는 선행을 몸소 실천하고 있다.

둘째, 방탄소년단 효과는 불확실한 사회에서의 위험을 예방한다. BTS는 현세대의 위협과 위험 요소를 미리 막아내는 의지를 앨범 《We're bullet proof1.2. the eternal》 시리즈에서 밝혔다.

BTS는 꽃처럼 아름다운 나이인 청춘, 그 청춘에 경험할 수 있는 불안, 절망감, 포기와 같은 심리적 위기와 인생의 새로운 역할에 부담을 느끼는 청춘들을 위해 노래한다. BTS 음악은 사회에 존재하는 위험과 편견, 차별을 차단하는 정의롭고 강력한 메시지를 담고 있다. BTS가 음악 세계를 통해 도달하고 싶은 이상향을 이해하고, 세상을 더 평화롭고 안전하게 가꾸는 사람이 늘어갈수록 세상은 더 안전하고 평화로워질 것이다.

셋째, 방탄소년단 효과는 시공간과 인종, 국경을 초월하는 유비쿼터스(Ubiquitous)적인 효과다. 2015년 5월 BTS는 SBS MTV '더 쇼', '엠 카운트다운', '뮤직뱅크', '가온차트'에서 1위를 차지했고, 일주일 후에는 5개 방송사에서 동시에 1위를 차지했다.[53] 2015년 서울 드림 콘서트 페스타 공연 이후 팬덤 아미의 규모는 3배로 늘어났다. 2015년 7월 16일 뉴욕의 베스트 바이 씨어터(Best Buy Theater)에서 공연을 시작으로, 댈러스, 시카고, 로스앤젤레스의 클럽 노키아(Club Nokia)에서 공연을 펼쳤다. 특히 LA 공연에서는 여성뿐 아니라, 남성 팬과 중년 팬들도 BTS의 음악을 선호하는 경향을 보였다. 2015년 7월 말부터 8월 초까지 멕시코, 칠레, 브라질 등 중남미 팬들은 BTS를 열정적으로 환호했다. BTS는 세상 곳곳을 날아다니며 자신의 음악을 사랑하는 팬들을 위해 열정 가득한 공연을 펼쳤다.

---

[53] 아드리안 베슬리(2019:109) 참고.

방탄소년단 효과는 이처럼 국경, 인종, 성별과 연령의 외형적 조건을 초월하며 세계인의 마음을 음악으로 연결하는 역할을 수행한다. 실제로 BTS는 일본, 미국, 영국, 브라질, 사우디아라비아를 포함한 5대륙에서 공연한 국제적인 보이 그룹이다. 방탄소년단 효과는 국가, 종교, 이념의 경계 없이 세계인을 하나로 연결하고 시공간을 초월하는 유비쿼터스(Ubiquitous)적인 세계관을 반영하고 있다.

넷째, 방탄소년단 효과는 문제에 갇히기를 거부하고, 밝고 희망찬 미래 시점을 앞당겨 보여준다. 마치 타임머신을 타고 시간을 여행하듯이, 현재라는 시점에서 이상적인 크로노스(Kronos) 시간을 앞당겨 보여준다. 코로나시기에 발매된 앨범 《Be》의 〈Permission to Dance〉는 뮤직비디오에서 코로나를 극복한 미래에서 마스크 없이 사람들과 즐겁게 춤추는 장면을 연출했다. 현실은 코로나로 마스크를 쓰고 가족과 지인들도 못 보는 답답한 상황이지만, 코로나가 극복된 미래에서 누리게 될 일상의 즐거움을 미리 보여주었다. 또한 〈Permission to Dance〉에는 손성득 안무가와 함께 청각 장애인들도 음악을 느낄 수 있도록, '즐겁다', '춤추다', '평화'를 상징하는 세 개의 수어(sign language)를 넣어 연출했다. 코로나 우울증에 시달리던 사람들은 손가락으로 의사를 표현하는 수어 챌린지에 동참하며, 말하지도 듣지도 못하는 불편한 일상을 항상 견디고 있는 우리 이웃들을 떠올렸다. 많은 사람들이 수어 챌린지에 동참했고, 장애에 대한 인식이 달라지기 시작했다. 〈Permission to Dance〉를 통해 청각 장애를 가진 사람도 음악을 즐길 수 있는 소통의 문을 활짝 열었다. 방탄소년단 효과는 갈등이 해소된 미래를 연상하게 하는 환기와 상상의 효과로, 차이를 가진 사람들이 서로를 이해하는 발상의 전환을 유도하기 위해 경쾌하고 즐거운 이벤트를 마련한다.

다섯째, 방탄소년단 효과는 팬들이 자신의 일을 더욱 사랑하고 성장하도록 동기를 부여한다. 불가능에서 가능으로, 아마추어에서 전문가로 도약하는 순간이 바로 자신을 초월해 새로운 자아를 만나는 특이점(singularity)이 된다. 자기초월적 특이점을 통과하는 경험은 우리를 전혀 새로운 단계로 이동시킨다. 개인은 직업, 부, 건강, 꿈, 사랑 등 자신이 선정한 목표의 경계를 뛰어넘는 변곡점을 통과하는 동시에 목표에 도달한다. 직업적인 면에서도 아마추어에서 프로, 학생에서 교사, 공시생에서 공무원, 취준생에서 취업생, 시청자에서 방송인, 독자에서 작가, 일반인에서 연예인이 되는 경험은 종점을 통과하며 순식간에 일어나는 마법이다. 이러한 자기초월적 특이점은 인생에서 반드시 거쳐야 하는 통과의례처럼 누구나 경험하게 된다. 통과의례를 거치는 순간, 우리 인생은 획기적으로 전환된다. 빈곤에서 부요로, 무명에서 유명으로, 갈등과 불안의 주인공에서 해피엔딩의 주연이 되는 인생 역전 드라마가 실현되는 순간이 온다. 특이점을 통과하는 순간 나는 엑스트라가 아닌 내 인생의 진정한 주인공으로 바뀌는 마법의 순간이 펼쳐진다.

2018년 유엔 총회에서 시작한 자기 사랑(Love myself)과 자기 주장(Speak yourself) 캠페인, 그리고 폭력 근절(End violence) 캠페인은 현재도 지속되고 있으며, 전 세계 MZ세대의 자기 사랑과 주체로서의 삶을 응원하고 폭력을 예방하고 있다. 방탄소년단 효과는 문제를 해결하고 갈등을 해소하는 폭발력을 발휘하는 긍정 효과이다. 이러한 효과들이 우리가 직면하게 될 기후, 교육, 환경, 의료, 보안 등 사회의 여러 방면으로 확대된다면, 우리는 세상을 더 평화롭고 아름다운 곳으로 만들 수 있을 것이다. BTS의 음악에 반영된 예방과 초월 효과는 개개인의 삶에 신선한 열정을 불어넣고 개인과 사회의 변화를 유도하는 기적을 일으키고 있다.

5.2. BTS 음악과 나의 변화

나는 삶에 대해 관조적이고 구도적인 성향이 강했다. 아내이자 엄마로서, 살림과 육아를 담당하며 말없이 상황과 환경에 따라 실제적인 도움을 주는 행동가였다. 특히 코로나 시기에는 집안일을 중심으로 다람쥐가 쳇바퀴를 돌듯이, 수동적이고 보조적인 일을 반복적으로 되풀이 하고 있었다. 중년의 나이에 접어든 나는 취업, 진학의 꿈조차 없는 상태로 이제 자녀들이 잘되는 것을 보면 된다고 생각했다. 그런데, 2020년 성탄절에 만난 BTS의 음악은 타인의 삶만 사랑하고 자신의 열정을 숨기는 것은 진정한 사랑이 아니라고 알려주었다. BTS의 〈Fake love〉는 진정한 사랑은 자기 사랑에서 출발한다고 강조했다. BTS의 음악으로 나는 학창 시절의 꿈을 다시 떠올려 보게 되었다. 20대 시절의 나는 윤동주의 시집을 외우며 헤르만 헤세의 작품을 탐독할 만큼 음악과 문학을 사랑했었다. 맑은 영혼의 구도적 삶을 갈망하던 나의 일상은 BTS와 음악 세계를 알게 되면서 조금씩 변하기 시작했다. 그들의 음악은 소심한 나에게 말을 걸어주었다. 내가 누구인지, 나의 관심사가 무엇인지, 나는 무엇을 잘하는 사람이었는가를 질문했다. 자신의 삶과 음악에 최선과 열정을 다하는 일곱 명의 아이돌을 보며, 인생에서 가장 젊은 나이인 지금의 나를 바꿔야한다는 생각이 들었다.

나는 결혼을 하는 친구와 후배들에게 "이제부터는 자신을 더 사랑해야 한다. 왜냐하면 결혼은 나와 상대방, 그리고 아이들을 책임지고, 양가의 가족이라는 새로운 관계망에서 자신과 가족을 돌보는 일의 균형을 잡아야하기 때문이다."라고 말하곤 했다. 출산, 양육과 가사는 여성의 삶을 사회와 단절시키는 요인이 되기도 한다. 한국은 내가 출산하던 25년 전보다는 출산, 육아에 대한 국가의 지원과 복지가 많이 개선된 상황이다. 하지만 여전히 육아와 자기실현을 병행하고 싶은 여성에게 여러 난제가 많다. 여성의 육아와 가사노동이 사회 진출에 견줄만한 보상이 주어지지 않는다면, 여성들이 가정에서 안정적인 출산과 육아에만 전념하기는 어려울 듯하다. 일과 가정의 양립이 보장되는 사회 분위기가 조성되어야 비로소 젊은 여성들은 삶과 사랑, 출산과 자아실현의 균형을 잡을 수 있을 것이다.

나는 사회에서 일을 찾기 애매해진 40대 후반, 그리고 코로나라는 문명의 터널 속에서 우연히 BTS의 음악을 만났다. BTS의 음악은 나의 이름을 물어주고, 나 자신을 사랑하고 나의 일을 하라고 격려했다. 〈Answer: Love myself〉에서 '자기 자신을 진정으로 사랑하는 것이 어렵지만, 어제의 나, 오늘의 나, 내일의 나, 그 모든 자아를 사랑해야 한다'고 알려주었다. 팬들의 엄청난 사랑을 받으면서도 모든 사람의 존재 가치를 위해 노래하는 BTS의 음악 세계를 알게 되었다.

2020년 성탄절에 만난 〈Dynamite〉와 〈Life goes on〉은 눈사람처럼 꽁꽁 얼어있던 나의 마음을 따뜻하게 녹였다. BTS 음악은 자신감을 잃은 채, 무기력하게 소일(消日)하던 내가 다시 나의 일과 미래를 꿈꿀 에너지를 주었다. BTS는 알면 알수록 웃음과 즐거움, 눈물과 감동을 주는 음악의 옥시토신(Oxytocin), 단조로운 일상에 기쁨을 주는 엔돌핀 같았다. 나는 BTS를 통해 자신을 더 사랑하고, 다시 나의 꿈을 찾게 되었다. 이상주의자에서 현실주의자가 되어, 인생의 남은 시간을 더 보람차게 보내고 싶어졌다. 내가 알게 된 BTS의 음악 세계를 내가 좋아하는 글쓰기로 사람들에게 알려줘야 한다는 일종의 사명감을 느끼기 시작했다.

BTS는 사회적 이슈와 현상에 관심을 두고, 자신의 솔직한 감정과 생각을 음악으로 창작해낸다. 팬들은 BTS의 음악을 통해 수많은 현실적 문제가 혼자만의 문제가 아님을 깨닫는다. 중국의 《列子》 〈탕문편(湯問篇)〉에는 서로가 연주하는 음악에 담긴 감정을 알아채는 두 친구 백아(伯牙)와 종자기(鍾子期)의 이야기가 나온다. 탁월한 음악적 감각과 우정을 지닌 백아와 종자기는 서로가 연주하는 곡을 들으며 친구의 감정을 정확히 읽어낼 수 있었다. BTS의 음악에 공감하는 팬들은 마치 현대판 백아와 종자기처럼 음악을 이해할 수 있다. 팬들은 친구가 연주하는 소리를 듣고 연주가의 감정과 생각을 알아채는 지음(知音)처럼 BTS의 음악에 담긴 정서와 메시지를 읽어낸다. 그리고 멤버들의 노래는 응원가가 되어 팬들의 삶의 현장에 의욕과 활력을 선사한다. BTS의 음악이 전 세계 팬덤 층을 형성하는 이유는 바로 그들의 음악에 누구나 경험하는 인생에 대한 보편적 진리와 솔직담백한 공감의 정서가 담겨있기 때문일 것이다.

5.3. BTS의 선한 영향력과 초월적 인기

BTS는 〈앙팡맨〉에서 자신들을 새로운 시대의 젊은 영웅으로 표현한다. BTS는 실제로 어린이와 동물을 사랑하고, 젊은 세대와 어린이를 보호하는 새 세대의 슈퍼 히어로가 되어 선행을 실천하고 있다. BTS는 차별받는 약자와 소수자를 대신해서 만약 내가 그 약자라면 어떨까하는 역지사지(易地思之)의 정신으로 그들의 입장을 옹호한다. 그들은 사회의 편견과 차별의 그늘에 가려진 사람들도 자기 인생의 주인공으로 당당히 나서길 노래한다. BTS는 자신들은 남몰래 뒤에서 자주 상처받고 팬들을 실망시킬까봐서 항상 조심하지만, 늘 팬들의 힘이 되고 싶은 마음 여린 영웅이라고 말한다.

2014년 음반 발매 기념 팬 사인회가 열렸다. 팬 사인회에서 한 명의 아미가 '돈을 많이 벌면 팬들에게 소고기 사줄 건가요?'라고 물었다. 슈가는 단번에 '2018년 3월 9일에 소고기를 먹여 주겠다'고 대답했다. 3월 9일은 슈가의 생일이다. 슈가는 당시 4년 후인 2018년쯤이면 방탄소년단이 유명해져서 팬들에게 소고기를 사주고 싶다고 대답했다. 드디어 팬과 약속했던 2018년 3월이 되었다. 4년 동안의 바쁜 일정으로 슈가는 팬과의 약속을 잊을 수도 있었다. 하지만 2018년 자신의 생일이 되자 슈가는 '아미'의 이름으로 전국 보육원에 수천만 원어치의 한우와 직접 사인한 CD를 기부했다. 빅히트는 "슈가가 3월 9일인 자신의 생일에, 39곳의 보육원에 '아미'의 이름으로 한우를 기부했다"고 밝혔다.[54] 아미들은 미국의 'Save the children' 단체에 슈가의 이름으로 기부를 했다.

뷔는 노래 〈Winter Bear〉가 있을 만큼 동물 사랑이 지극하고,

54 김남국(2018:194) 참고.

특히 북극곰을 입양해서 후원했다. 멤버들은 또한 한 마리 혹은 세 마리 이상의 반려 동물을 숙소 혹은 가정에서 키우고 있다. 뷔의 팬들은 '세계 식량의 날'을 맞아 유엔 식량 기구(WFP)에 기아로 고통 받는 지구촌 가족에게 기부금을 전달했다. 또한 스페인 화산 폭발로 인한 피해자들과 미국의 노숙자, 경제력이 없는 청소년을 돕는 'Covenant House'에 기부하기도 했다. 2021년 10월 24일 온라인 공연이었던 'Permission to Dance on stage'에서 뷔가 리허설 중 부상으로 멤버들과 무대에 서지 못한 일이 있었다. 혼자 앉아서 공연했던 뷔를 보며 팬들은 병원에 있는 환우들을 떠올렸다. 아미들은 환우들을 위해 1달러 기부 릴레이 캠페인을 전개했다.

정국의 생일에 페루 아미는 멸종 위기에 처한 동물을 구하기 위해 정국의 이름으로 기부금을 전달했다.[55] 이처럼, BTS와 아미는 관념적이고 회의적인 연약한 젊은 세대가 되기를 거부한다. BTS와 아미는 동 세대의 아픔을 직접 해결하고 현실적으로 돕는 젊은 히어로의 역할을 지구촌 곳곳에서 실천하고 있다.

우리는 역사상 가장 평화로운 시기를 지나고 있다. 하지만 안타깝게도 2022년 2월 러시아가 우크라이나를 침략하는 전쟁이 일어났다. 과거 소련의 영토를 회복하려는 지도층의 결정으로 양국의 젊은 군인과 민간인들이 희생되고 있다. 안타까운 역사의

---

[55] 아드리안 베슬리(2019:178) 참고.

퇴보가 지속되며, 지켜보는 세계 시민의 마음을 아프게 하고 있다. BTS는 침략을 받은 우크라이나 국민을 돕기 위해 거액의 기부금을 전달했다. 리더인 알엠은 과거 한국 전쟁 당시 한국을 도와준 유엔과 후원국들의 은혜를 되갚는 마음으로 기부에 동참했으며, 우크라이나 아미와 현지인들의 안전을 기원했다. 텐아시아 김순신 기자의 2022년 3월 2일 기사에 따르면[56], 유명 연예인을 포함한 아미들도 전쟁 반대와 평화를 외치며 기부 행렬에 동참했다. BTS 현장 공연 예매를 하지 못한 지민의 캐나다 팬덤들은 유엔 난민 기구(UNHCR)와 유니세프에 공연 입장료를 기부금으로 전달했다. 팬덤들은 우크라이나 어린이와 가족의 생존과 교육을 위한 목적에 사용되길 희망했다. 또한 지민의 팬덤은 호주의 산불, 필리핀의 태풍 피해, 팔레스타인 어린이 구호 기금(PCRF)에도 기부금을 전달했다. 또한 코로나 백신 기부와 정수제(Survival Gift of Water Purification Tablets), 북극곰과 야생동물 보호를 위해 기부금을 전달했다.

자기 사랑을 넘어 인류애를 실천하는 젊은 세대인 BTS와 아미를 보며, 나는 마음 깊은 곳에서 존경심을 느꼈다. 그들에게 사랑은 피상적이고 멜로디 속에 존재하는 사탕발림 같은 공허한 외침이 아니었다. BTS의 사랑은 자신과 타인의 생명을 지키기 위해 음식과 돈을 기꺼이 제공하는 선행으로 표현되었다. 그들은

---

[56] 김순신 기자. 우크라이나 어린이 기부 방탄소년단 지민 팬덤 전쟁지역 아이들 돕기 나선 감동 | 텐아시아 – https://tenasia.hankyung.com/topic/article/2022030275344 인용. 2022년 3월 2일.

무대 위의 화려한 축제의 신, 디오니소스로 팬들에게 완벽한 퍼포먼스를 선사한다. 또한 그들은 무대에서 내려온 현실에서 연약한 사람들을 돕기 위해 기부와 나눔에 동참하는 진정한 영웅의 삶을 살고 있다. 조용히 움직이며 은밀히 돕는 BTS와 아미의 선행은 비공개된 사실들이 훨씬 더 많을 것이다. BTS와 팬덤 아미는 자기 사랑을 실천하는 동시에 지구촌 곳곳에서 세상을 더 좋은 곳으로 만들기 위한 선행을 실천하고 있다. BTS와 아미는 신성한 자기 사랑과 타인 사랑을 실천하며 공공의 선을 추구하는 아이돌과 팬덤의 모범을 보여주고 있다.

2022년 3월 잠실 주경기장에서의 'Permission to dance on stage in Seoul' 공연은 한국 전역과 해외 75개국에서 영화로 상영됐다. 과거 영국 밴드 퀸(Queen)의 이야기가 영화 〈보헤미안 랩소디〉로 제작되어 상영된 적은 있었다. 팝의 황제 엘비스 프레슬리의 영화가 상영된다는 소식도 들린다. 하지만 현재 활동 중인 보이 그룹의 공연 실황이 전 세계 영화관에서 동시에 상영된 것은 대중음악 역사상 최초의 일이었다. 당시 서울 공연을 보지 못한 전 세계 아미들은 영화관에서 팬덤과 함께 공연을 관람했다. 잠실 주경기장의 공연 실황이 75개국의 영화관에서 상영된 일을 통해, 국내를 넘어 해외에서 상상을 초월한 BTS의 인기와 영향력을 실감할 수 있다.[57]

---

[57] 최보윤 기자, 75개국 극장서 BTS 생중계… 할리우드 영화보다 더 벌었다 -조선일보 - https://www.chosun.com/culture-life/performance-arts/2022/03/15/GG5HI72VQBHOVEACIY6Q73IYBY/ 인용.

5.4. BTS의 5무 전략

BTS는 빅히트의 첫 보이그룹에서, 세계적인 팬덤을 가진 가수로 급부상했다. BTS가 성공한 비결은 도대체 무엇일까? 무언가 체계적인 전략과 그럴싸한 비결이 있을 것만 같았다. 하지만 김남국(2018:8-9)은 BTS는 오히려 특정한 성공전략 없이 순수하게 성공한 아이돌이라고 언급했다. 김남국은 성공전략이 없는 BTS의 전략을 '방탄소년단의 5무(無) 전략'으로 소개했다.

첫째, BTS는 해외 진출을 위한 별도의 전략이 없었다. 2013년 6월 데뷔한 BTS는 힙합과 아이돌이 융합된 장르에서 출발했다. 빅히트는 멤버들의 일상과 연습 과정을 유튜브 같은 SNS에 공유해서 멤버들의 얼굴을 홍보하는 일부터 시작했다.

둘째, 지역과 문화를 고려한 로컬화 전략이 없었다. 흔히 문화가 다른 해외 팬들의 관심을 받으려면, 지역, 문화, 기호를 별도로 연구하는 로컬화 전략이 필요하다. 하지만 BTS와 빅히트는 방문할 국가의 해외 문화를 별도로 연구하지 않았다. 대신에 한국어와 한국 문화, 한국 음식, 그리고 한국적 정서와 멤버들 본연의 일상을 있는 그대로 보여주면서, 해외 팬덤과의 자연스러운 소통을 이뤄냈다.

셋째, 백 그라운드가 없었다. BTS는 빅히트가 육성한 첫 번째 아이돌이었다. 그렇기 때문에, BTS를 이끌어줄 선배 가수나 회사의 브랜드 파워가 전혀 없었다. BTS는 선배의 리드와 후광이 없이 성공한 아이돌로 소속사에 커다란 행운을 안겨주었다.

넷째, 공중파 방송과 같은 매스 미디어의 혜택이 없었다. BTS는 데뷔 이전부터 누구나 볼 수 있는 온라인 미디어에 연습 장면과 멤버들의 일상을 수시로 업로드했다. 사람들의 인지도가 적은 시기부터 멤버들의 소소한 일상과 연습 장면을 그대로 공개했다.

다섯째, 정형화된 아이돌 전략이 없었다. 빅히트는 멤버들의 자율성과 팬들과의 소통을 보장하며, 자율형 아티스트로의 배움과 성장을 지원했다. 또한 BTS를 위해 최고의 멘토과 프로듀싱, 영상, 안무 등 각 분야에서 최고의 전문가를 영입했다.

하이브와 BTS는 로컬화 전략과 선배들의 후광 없이 현재의 성공을 이뤄냈다. 그렇다면 BTS가 성공한 요인은 대체 무엇일까? 특별한 전략이 없이도 성공한 그들의 성공 요인을 선택과 자율성을 중심으로 분석해보도록 하겠다.

5.5. BTS의 선택 - 음악

5.5.1. 한자로 풀어본 ‘음악’

사람은 자신을 표현하는 방식이 저마다 다르다. 자신을 표현하는 방식이 세상과 소통하는 도구가 되기도 한다. 몸을 움직이기를 좋아하는 행동파, 지적이고 정확한 데이터를 연구하는 정신 노동자, 감성과 예술성을 지닌 예술가 등 사람들은 저마다 잘하고 좋아하는 일이 다르다. 코로나시기에 접어들면서, 문명과 산업이 큰 변화의 터널을 지나고 있다. 호황을 누리던 식당, 소매상들이 어려움을 겪고 재택 중심의 소비문화가 형성되면서 온라인 쇼핑몰이 호황을 누리기도 했다. 감성 세대인 MZ세대가 살아갈 미래 시대에는 어떤 일을 선택해서 직업으로 삼아야 할까? BTS의 성공 비결에서 그 실마리를 찾아보면, 멤버들은 비교적 어린 나이에 바로 예술가의 길을 선택했다. 자신이 좋아하고 잘하는 길, '음악'을 선택했다. 한자는 의미와 소리를 하나의 자형 안에 담고 있고, 글자 생성 당시의 문화와 사유를 글자 속에 표현했다. 그래서 한자의 부수와 구조를 통해 의미를 해석하다보면, 한자가 생성되던 당시 중국인의 사유방식과 생활상을 조금이나마 엿볼 수 있다. 우선 BTS가 선택한 '음악'의 한자적 의미를 풀어보면 다음과 같다.

'音(음)'은 한자에서 '소리', '말', '음악', '소식'이라는 의미를 가지고 있다. 音(음)은 자형에서 말을 나타내는 말씀 '言'(언)과 그 유래가 같다. 즉 소리에는 발화자가 전달하고 싶은 말과 생각을 담아낸다.

'악(樂)'은 한자의 의미에서 '풍류', '음악', '말하다', '악기'를 의미한다. 허신(許慎)의 설문해자(說文解字)에서 '악(樂)'은 거문

고처럼 나무 위에 실타래가 얹어진 모습을 하고 있다. 당시 존재하던 악기 모양을 따라서 만든 한자로, 한자의 생성 원리 가운데 상형자에 해당한다.[58] 중국의 고전 악기 가운데 공후(箜篌), 고쟁(古箏), 비파(琵琶)와 같이 나무로 된 상자에 줄을 얹어 만든 현악기의 모양을 따서 글자를 만들었을 것으로 판단된다. 악(樂)은 한자에서 '악(樂)', '요(樂)', '락(樂)'의 세 가지의 음을 가지고 있다. 첫째 발음인 '악'의 의미는 '풍류', '음악', '전달하다', '악기'를 나타내는데, 한자어의 음악(音樂), 악기(樂器), 악상(樂想)과 같은 단어에 사용한다.[59]

음악의 '음'은 '소리와 소식'을 의미하고, 악은 '말하다', '악기를 연주하다'의 의미이다. 그렇다면 음악은 '전하고 싶은 소리와 소식을 말하다', 혹은 '소리와 악기'로 해석할 수 있다. 즉 한자가 생성되던 과거에도 음악은 음악가가 전달하고 싶은 말에 곡조와 가락을 실어 표현하는 예술의 한 형태였음을 알 수 있다.

---

58 한자의 형성원리는 상형(象形), 형성(形成), 회의(會意), 가차(假借), 전주(轉注)의 5가지가 있다. 사물의 모양을 따서 만든 한자는 한자의 형성 원리 가운데 상형에 해당한다.

59 두 번째 발음은 '요(樂)'이다. '요'로 발음할 때의 의미는 '좋아하다'는 뜻이다. 한자어 가운데, 仁者樂山(인자요산), 知者樂水(지자요수), 樂山樂水(요산요수)의 '樂'는 '요'로 발음하며, 그 의미는 '좋아하다'를 나타낸다. 세 번째 발음은 '락(樂)'이다. '락(樂)'은 동사로 '즐기다', '누리다'를 뜻하고, 명사로 사용될 때는 어떤 사물에 마음을 붙여서 느끼는 즐거움이라는 의미를 가지고 있다. 두음 법칙에 의해 '낙'으로 발음하기도 한다. 安貧樂道(안빈낙도), 同苦同樂(동고동락), 喜喜樂樂(희희낙락)의 '樂'은 마음을 붙이는 '재미', 혹은 대상을 '즐기다'라는 의미이다. 한자의 형성원리 가운데 전주(轉注)에 해당한다.

내가 캠퍼스에서 언어를 분석하고 언어학을 공부하는 학문에 전념할 때, 나의 지도교수님은 나에게 관심이 가는 일과 좋아하는 일을 찾으라고 말씀하셨다. 졸업 후 지금까지를 돌아보면, 나는 계속해서 읽고 쓰는 일과 관련된 기록물에 관심이 있었다. 나는 의료서적을 한국어로 번역해서 출판했고, 규장각에서 승정원 일기(承政院日記), 일성록(日省錄), 비서감 일기와 같은 조선 시대 국보급 서적을 복원하는 연구원으로 참여했다. 그리고 홍콩 영화를 한국어로 번역하는 영상 번역가로도 활동했다. 한국 시를 중국어로 번역하는 시도를 했었지만, 원어민의 도움이 반드시 필요한 섬세한 고난도의 작업이었다. 40대 초반까지는 누군가에게 고용되거나 타인의 글을 번역하는 일에 관심이 있었다. 하지만 지금은 타인의 생각이 담긴 시나 글을 번역하기 보다는 나의 생각이 담긴 시와 글을 쓰는 일에 집중하고 있다. 어쩌면 지금까지의 경험이 현재의 나를 만드는 과정이었는지도 모르겠다.

70년대에 출생한 X세대인 내가 정보와 지식을 얻는 방법은 대부분 책, 잡지와 같은 문서화된 기록물이었다. 특히 규장각에 보존되어 있는 조선시대의 국보급 서적의 훼손을 복원하는 연구원 활동을 하면서 글이나 문자로 기록된 실제 기록물의 소중함을 깨닫게 되었다. 내가 접한 국보급 서적들은 가치를 환산할 수 없을 만큼 귀중한 국가의 보물이었다. 조선시대 500년 역사를 간직한 서적들은 왕과 문무 양반의 일상의 대화, 문무 양반의 출결, 그리고 당시의 시대상과 문화, 천재지변과 의례와 같은 당시 시대상이 세세하게 기록되어 있었다. 국보급 서적들은 수많은 소멸의 위기 속에서도 사관들의 노고로 지켜져서 현재까지 보존되어 있다. 서적에는 손상을 막기 위한 물 자국, 불에 그을린 흔적들이 남아있었다. 나는 국보급 서적을 복원하는 연구원 활동을 통해 문서화된 기록물의 소중함을 깨닫게 되었다. BTS는 자신들이 전하고 싶은 말과 메시지를 음악으로 표현하고 있지만, 그들의 9년간의 행보는 수많은 영상 기록물로 온라인과 방송에 선파로 부유(浮游)하고 있을 뿐이다. 내가 BTS의 음악 세계와 메시지를 문서화된 책으로 남기고 싶은 이유이다.

5.5.2. 음악의 목적과 역사

음악이 세상에 존재하는 목적은 무엇이었을까? 성경 사무엘 16장에는 다윗(B.C.1030-970)이 어린 시절 악한 영에 사로잡혀서 괴로워하는 사울 왕을 위해 하프를 연주하는 장면이 나온다. 다윗은 자신을 죽이려는 사울의 군사를 피하고 수많은 어려움을 극복하며 마침내 이스라엘의 왕위에 올랐다. 시편(詩篇)은 다윗 왕과 아삽, 고라의 자손들이 하나님을 찬양하는 시와 슬픔과 외로움을 호소하는 기도를 모아 편집한 책이다. 이처럼 음악은 다윗이 살았던 고대에도 창작자와 감상자의 마음을 위로하고 치유하는 효과를 발휘했던 것으로 분석된다.

현대인들의 음악적 기호는 클래식, 대중음악, 오케스트라, 종교음악 등으로 다양하게 세분화되었다. 대중들이 선호하는 클래식, 특히 고전 음악 애호가 가운데서 17세기부터 19세기 서양 음악을 선호하는 사람들이 많다. 이 시기의 서양 음악은 바로크(Baroque) 음악과 고전주의(Classical) 음악으로 크게 양분된다. 바로크와 고전주의 음악을 연결하는 30년 동안은 로코코(Rococo) 음악이 크게 유행했다.

바로크 시대 음악은 17세기와 18세기의 유럽 음악으로, 이탈리아, 프랑스, 영국, 독일 등 당시 세계를 주도하던 나라에서 발생했다. 바로크 음악은 신을 찬양하는 종교 음악이나 절대 권력을 가진 고위층을 위해 작곡되고 연주되었다. 당시 음악가들은 지배계급의 후원과 사랑으로 생활을 유지했었다. 대표적인 3대 거장으로 텔레만, 헨델, 바흐를 들 수 있다. 바로크 시대에 작곡된 오라토리오(Oratorio), 칸타타(Kantata) 등은 성탄절과 부활절에 연주하는 교회 음악 중심으로 전통을 이어가고 있다. 예배 중심의 음악은 찬송가와 현대적 신앙을 반영한 가스펠 송 그리고 가스펠에 대중음악적 요소를 가미한 CCM(Contemporary Christian Music)으로 세분화되었다.

작곡가 정승용에 의하면, 바로크와 고전주의 음악을 연결하는 로코코 음악은 1740년대에서 1770년까지 작곡된 궁정과 귀족 중심의 화려하고 산뜻한 음악을 말한다. 요제프 하이든(Joseph Hayden)과 볼프강 아마데우스 모차르트(Volfgang Amadeus Mozart)의 초기 음악이 로코코 음악에 속한다.

고전주의 시대는 신흥 시민 계급의 대두와 계몽주의의 영향으로 다양한 계층이 공감하고 이해할 수 있는 음악이 사랑을 받기 시작했다. 고전주의를 대표하는 음악가로는 하이든, 모차르트, 베토벤, 슈만 등이 계보를 이었다. 서양 음악사에서 1815년부터 1980년대까지의 음악을 세기전환기 음악으로 부르는데, 역사주의 음악, 민족주의 음악, 인상주의 음악, 낭만주의 음악으로 분화되었다. 여러 사조의 음악 가운데 후대인들이 낭만주의를 선호하는 경향이 강해졌고, 오케스트라와 오페라, 합창단에서 낭만주의 경향의 음악이 자주 연주되고 있다.

낭만주의 사조에 속하는 음악가로는 멘델스존, 비발디, 슈만, 쇼팽, 요한 슈트라우스, 바그너 가 있고, 20세기에 들어서면서 〈사랑의 인사〉와 〈위풍당당 행진곡(Pomp and Circumstances)〉으로 유명한 영국의 에드워드 엘가(Edward Elga)와 〈현을 위한 아다지오(Adagio for strings)〉로 알려진 사무엘 바버(Samuel Barber)가 낭만주의 계보를 잇고 있다.

오케스트라(Orchestra)는 본래 고대 그리스 로마 시대(B.C.146-A.D.330)에 무희들이 춤을 추는 무대를 가리키는 단어였다. 현대에 와서 오케스트라는 무대 위나 아래에서 지휘자와 연주가들이 관현악기와 타악기를 연주하는 교향악단을 지칭하는 단어로 바뀌었다. 오케스트라는 솔리스트나 중창단과의 협주, 그리고 가극 형태의 오페라와의 협연, 그리고 음악과 연기를 융합한 뮤지컬이라는 다양한 장르와의 협연으로 발전했다.

<계명대학교 오케스트라와 합창단의 협연 무대>

음악은 역사적으로 시대와 문화를 주도하는 나라와 지역을 중심으로 발달해왔다. 음악을 감상하는 대상도 신과 소수 지배층이 주를 이뤘던 과거와 달리, 인문주의와 계몽주의의 영향으로 시민 전체, 그리고 대중으로 확산되었다. 고전 음악은 주로 악기만을 연주해서 창작자의 감정과 생각을 표현하고, 음악을 즐기는 대상도 소수에 불과했다. 이와 달리, 현대인의 대중 음악(Popular song: Pop song)은 점차 사람의 의견과 감정을 담은 노랫말과 몸으로 표현하는 춤이 융합된 형태로 발전했다.

한국의 음악과 춤의 역사는 고구려 시대(A.D. 5세기 말-6세기 초) 무용총에서 발견된 무용도(舞踊圖)에서 그 근원을 찾을 수 있다. 무용복을 입은 무희들이 춤을 추는 무용도는 당시 고구려 영토였던 중국 길림성(吉林省)에서 발견되었다. 무용도를 통해 한국 고대 사회에 이미 춤 문화가 있었음을 짐작할 수 있다. 한국의 전통음악은 전통 민요, 대표적으로 아리랑과 같은 국악과 각종 설화를 배경으로 한 흥부가, 심청가, 춘향가 등 노래와 이야기를 담은 창(唱)과 사물놀이, 사당패 등이 남아있다.

전 세계적으로 한국을 대표하는 민요는 아리랑이다. 한국의 대표적인 전통 민요로 알려진 아리랑은 경기 아리랑으로, 구슬픈 가락과 사랑의 배신과 이별에 대한 원망을 담고 있다. 하지만 아리랑은 한국 전역에 분포되어 있고, 지역별로 가락과 가사의 내용도 매우 다양하다. 현재까지 학자들이 전국에서 채집한 아리랑은 밀양아리랑, 진도아리랑, 강원 아리랑 등으로 모두 1만수의 노랫말과 가락이 문경(聞慶) 박물관에 보존되어 있다. 전국에서 채집한 아리랑은 경쾌하고 익살스런 노랫말과 가락이 담긴 진도 아리랑과 밀양 아리랑 등도 있어서, 다양한 민중의 희노애락(喜怒哀樂)을 표현한 아리랑 1만수의 노랫말과 가락은 경북 문경에 소재한 문경 박물관에서 체험할 수 있다.

〈문경에서 만난 '聞喜慶瑞' (문희경서) 현판〉

문경박물관에는 아리랑 1만 수의 가사를 전문 서예가들이 손수

붓글씨로 기록한 서적과 가락을 녹음한 온라인 기록물이 전시되어 있다. 방문객들은 현관 오른 편에 설치된 컴퓨터 화면의 지역별 아리랑을 클릭해서 1만 수의 가사와 곡조를 감상할 수 있다. 문경은 조선시대에 경상도 지역 양반가의 자제들이 한양으로 과거(科擧) 시험을 보기위해 반드시 지나가는 지역이었다. 그래서 합격을 기원하는 의미로 꿀떡을 파는 상인들과 여행자들이 머물 수 있는 주막(酒幕)이 있었다. 문경박물관에는 과거에 급제(及第)한 사람들에게 주어지는 어사교지(御使敎旨), 그리고 어사화(御賜花)와 마패(馬牌), 어사 가마 등이 전시되어 있다. 민요는 역사적으로 민중의 노동요로 또는 흥겨움과 이별, 사랑을 노래한 가락 섞인 이야기로 민중의 삶과 노동의 현장에 함께 있어왔다. 소수의 전유물이었던 음악은 점차 음악을 즐기는 대상층이 민중으로 확대되고 다양한 장르로 분화되었다. 한국 전통 음악의 인재 발굴은 예술 교육 기관과 전주 대사습놀이를 통해 유지되고 있다. 기악, 판소리 등 전통 음악은 전공자와 소수의 계승자를 중심으로 한국 고전 음악의 전통과 명맥이 보존되고 있다.

케이 팝(Korean Popular son:K-pop), 특히 BTS의 음악과 공연이 서구, 유럽, 미국, 중동, 아시아 지역에서 인기를 누리는 현상은 한국이 문화를 선도하며 선진국으로 도약하고 있는 방증(傍證)이다. BTS가 세계인의 사랑을 받는 것은 천재적인 음악성을 바탕으로 한 재능과 진솔함이 대중의 공감을 얻었기 때문일 것이다. 중세부터 현대 대중음악에 이르기까지, 음악가와 가수들은 음악애호가의 사랑과 후원으로 창작과 음악 활동을 지속한다. 예술가는 대중의 감성을 대신하고, 대중은 음악과 무대로 표현된 예술을 통해 치유와 감정적 카타르시스를 얻는다. 대중음악은 시청각과 동적 미감을 자극해서 치유과 환기(換氣)의 효과를 발휘하는 예술의 한 분야로 현대인의 삶의 현장에서 동행하며 대중의 삶에 활력을 불어넣고 있다.

5.5.3. 자녀의 꿈을 위한 선택

어린 시기에 음악, 미술 같은 정서 교육을 하면 자녀의 성장 단계에서 안정적인 감정 상태를 유지할 수 있다. 큰 아이는 미술을, 작은 아이는 음악에 관심이 강했다. 인터넷이 발달되지 않은 시기에, 나는 임신과 출산을 경험하면서 전문가와 작가들이 출판한 책을 통해 육아에 대한 정보를 얻었다. 나는 아이들에게 다양한 교육 환경을 보여주고, 내가 가르칠 수 있는 영역이외의 학습 방법은 아이들이 스스로 선택하도록 자율성을 주었다. 나는 아이들에게 책임과 자율을 동시에 주고, 아이들이 자신의 관심 분야를 스스로 선택하도록 배려했다. 포유류 가운데 가장 독립이 늦은 종은 바로 사람이다. 특히 동양 문화권에서 자녀가 부모로부터 독립하기까지는 거의 20년에서 늦게는 30년의 시간이 필요하다. 부부가 서로 다른 기호와 체질을 가진 이심이체인 것처럼, 자녀도 기호와 선택권을 지닌 독립체이다. 자녀가 스스로의 인생을 힘차게 노저어 갈 수 있는 단계에 올라 설 때까지는 부모와 사회의 인내와 후원이 필요하다.

7080년 세대에는 혈액형, 별자리에 따라 성격과 성향을 분류하는 경향이 강했다. 지능을 측정하는 기준으로 과거에는 지적 능력을 수치화한 IQ(Intelligent quotient)를 제시했었다. 하지만 최근 들어 감성지수(Emotional quotient)가 강조되고, 인간의 지능과 두뇌에 대한 연구가 세분화되고 체계화되었다. 하버드대 교육심리학과 교수인 하워드 가드너(Howard Gardner)가 1999년에 제시한 다중지능이론(Theory of multiple intelligence)에서는 인간의 지능을 언어 지능, 논리-수학적 지능, 시각-공간 지능, 신체 운동 지능, 음악 지능, 자기성찰지능, 자연 탐구 지능, 대인관계 지능 등 8가지 영역으로 나누었다. 개인의 역량과 지능을 정서, 자연, 동식물, 사회성과 같은 다원적인 차원으로 확대해서 분석했다.

현세대는 MBTI나 다중 지능, 적성 검사처럼 과학적이고 체계적인 데이터로 개인의 성향과 적성을 판별한다. 실제로 새로운 사람들을 만나면, MBTI 유형을 묻는 경우가 많아졌다. 외향적이고 사교적인 경향이 짙은 사람을 집에 묶어두거나, 창의적이고 자율적인 사람을 형식과 틀을 강조하는 분야에 두면 답답해하고 능률이 오르기 어렵다. 마찬가지로 정적이고 지적인 유희와 창의성이 발달한 사람에게 이동시간이 길고 관계 중심적인 업무는 적합하지 않다. 다중 지능은 선천적인 유전자가 성장 과정에서 경험한 환경에 따라 발달 여부와 정도가 결정된다. 또한 성장 후 자신의 흥미와 배움을 통해 후천적으로 개발되기도 한다.

나는 자녀를 기르며 부모도 지속적으로 성장해야한다는 사실을 알게 되었다. 자녀가 스스로를 책임질 때까지 부모는 자신과 자녀의 생활을 책임져야하기 때문이다. 자녀가 아직 어리더라도 아이를 향한 하나님의 비전은 부모도 전문가도 정확히 단정할 수는 없다. 두 딸아이도 성장 과정에서 꿈이 조금씩 바뀌었다. 자녀가 스스로 선택한 길에서 자율적이고 책임감 있는 사회인으로 성숙할 때까지 부모와 사회의 적절한 후원, 그리고 인내와 사랑이 필요하다.

BTS는 자신이 가장 좋아하는 음악을 선택했고, 춤, 공연, 연기, 모델, 창작, 프로듀싱의 영역으로 자신의 역량을 확장하고 있다. 인생의 주인공은 타인이 아닌 바로 자기 자신이다. 우리, 그리고 우리의 자녀들은 모두 세상과 소통하며 살아가는 방식을 스스로 선택할 자유가 있다.

5.6. 자율형 예술가로의 끝없는 지원

방시혁 대표는 자신이 수많은 히트곡을 낸 뛰어난 프로듀서였지만, BTS에게 기성세대의 목소리를 반영한 노래를 부르라고 강요하지 않았다. 그는 멤버들에게 자율성과 배움의 기회를 주고, 젊은 세대의 감성과 메시지를 담은 음악을 창작하는 예술가로 성장하도록 배려했다. 방대표의 믿음대로, 멤버들은 각자의 재능으로 팀에 공헌하는 한편, 창작을 즐기는 자율적이고 매력적인 예술가로 성장했다.

빅히트는 BTS를 정통 힙합 정신을 가진 창작자로 성장시키기 위해 미국 멘토와의 만남을 주선했다. BTS는 미국에서 힙합의 근본정신과 안무와 창작을 지도할 멘토들을 만나면서, 한 단계 더 성장했다. 그래미상을 수상한 멘토 쿨리오(Coolio)와 워렌지(Warren G)는 BTS에게 힙합 정신과 음악가로서의 삶에 대해 다음 세 가지를 당부했다.

첫째, 잘못된 권력에 저항하는 힙합 정신으로 자신의 의견을 주장할 수 있어야 한다.

둘째, 가수는 팬들에게 시청각을 만족시키는 공연을 선물해야 한다. 하루는 쿨리오가 멤버들에게 음식을 만드는 미션을 주었다. 멤버들은 멘토 앞에서 다양한 음식을 요리하는 퍼포먼스를 보여주었다. 쿨리오는 미션을 통해 멤버들에게 음악은 음식과 같다는 사실을 일깨워주고 싶었다. 쿨리오는 가족과 손님에게 정성을 다해 매일 대접하는 음식처럼, 팬들에게 제공되는 음악과 공연은 팬들의 일상에 새 힘과 에너지를 줄 수 있어야 한다고 권면했다.

셋째, 음악 활동을 하는 동안 끝까지 사랑하는 마음을 잃지 말아야 한다. 일에서나 삶에서나 사랑은 영원한 테마이다. 사랑은 잠시 타오르다 꺼지는 뜨거운 불도, 화려한 외모와 불타는 욕망을 순간적으로 즐기는 가벼운 주제가 아니다. 사랑은 서로의 인생 시간을 공유하고 책임지는 현실 그 자체로, 사랑은 선택과 책임의 연속이다(Love is the continuity of the choice and the responsibility). 연인과 부부 사이에는 서로에 대한 신뢰와 책임감이 수반된다. 그래서 진정한 사랑은 정직, 책임, 신뢰와 같은 도덕성을 요구한다.

어린 멤버들은 힙합의 본고장인 미국에서 잘못된 권력에 저항하고 자신의 목소리를 내는 힙합 정신을 배웠다. 또한 단순히 아이돌이 아닌, 음악과 안무를 스스로 창작하는 예술가의 훈련을 마쳤다. BTS는 미국에서의 교육을 통해 음악으로 세상과 소통할 이유를 발견했다. 음악의 목적은 사랑이며, 음악으로 팬들의 삶에 생기와 에너지를 줄 수 있음을 알게 되었다. 또한 사람이 음식으로 생명을 유지하듯이, 음악이 사람들에게 용기와 행복을 줄 수 있는 영혼의 음식이 된다는 믿음을 갖게 되었다. BTS의 훈련과정은 '아메리컨 허슬 라이프(American Hustle Life)'로 2014년 엠넷(Mnet)에서 방영되었다.

방시혁 대표는 아직 젊은 멤버들이 재능과 천재성을 지속적으로 개발할 수 있는 교육 기회와 환경을 제공했다. 그의 의도대로, 초기 각자의 역할에만 충실했던 멤버들은 노래와 춤의 완성도를 높이는 동시에, 창작과 프로듀싱에서도 재능을 발휘했다. BTS는 결성 초기 알엠과 슈가는 랩과 작사, 지민과 제이홉은 춤과 보컬, 뷔, 진, 정국은 보컬을 주로 담당했다. 하지만 힙합 정신과 춤에 대한 자신감을 얻은 멤버들은 노래, 춤, 창작을 즐기는 BTS라는 보이그룹으로 성장했을 뿐만 아니라, 개인적으로도 노래를 창작해서 솔로 활동을 병행할 수 있는 아티스트로 도약했다.[60]

알엠은 BTS의 리더로서, 랩, 작사, 프로듀서 역할을 담당한다. 래퍼로서의 재능은 믹스테이프와 콜라보 앨범에서 이미 증명되었다. 2015년 발표한 앨범 《RM》에는 자신의 이야기를 담은 11곡을 수록했다. 알엠은 왈레(Wale), 폴 아웃 보이(Fall out Boy)와 콜라보 앨범을 내고, 《Love yourself 承 'Her'》, 《Love yourself 轉, 'Tear'》 앨범에서 대부분의 작사와 프로듀싱을 담당했다. 알엠은 그룹의 리더로서 멤버들을 챙기고 노래를 창작한다. 그는 시상식에서 영어로 소감을 이야기하고, 해외 공연에서 영어 인터뷰에 재치 있게 대답하는 그룹의 브레인이다. 그는 독서와 사색으로 MZ세대의 일상, 사회적 이슈에 대한 균형 잡힌 견해를 갖추려 노력한다. 여성과 남성의 삶을 구체적으로 이해하기 위해, 토니 포터의 '맨 박스- 남자다움에 갇힌 남자들'을 읽거나 페미니스트 아카데미에 조언을 구하기도 했다. 사회와 세상에 대한 그의 호기심은 독서와 사색 그리고 미술 작

---

60 김남국(2018:43) 참고.

품이 주는 영감을 통해 음악으로 창작되고 있다.[61] 자신의 이야기를 노래와 빠른 랩으로 속삭이는 창법을 쓰며, 대표 솔로곡으로 〈Persona〉, 〈목소리〉, 〈Life〉, 〈Bicycle〉, 〈지나가〉, 그리고 이이언(eAeon)과 함께 부른 〈그러지마〉 등이 있다. 알엠의 솔로 앨범은 독특한 소재와 몽환적인 분위기를 담아 독백하듯 자신만의 차분한 감성을 전달한다. 알엠이 2018년 발표한 솔로 앨범 《Mono》에는 〈Tokyo〉, 〈Seoul〉, 넬(Nell)과 함께 부른 〈지나가(everythinggoes)〉 등 7곡이 포함되었다. 《Mono》는 공개 후 88개국의 아이튠즈 차트에서 1위에 올랐고, 빌보드 핫 200에서 26위에 오르기도 했다.[62]

진은 연기 지망생에서 빅히트의 오디션 제의로 아이돌이 되었다. 연기를 준비하던 그는 노래와 춤을 처음부터 배웠다. 진은 그룹의 맏형으로서 멤버들의 기상 시간을 챙기고 요리를 담당해 요리 방송 잇진(Eatjin)을 연출하기도 했었다. 맏형인 진은 다양한 음식을 만들고 아재 개그로 웃음을 주곤 했다. 진은 《Wings》 앨범에서 피독(Pdogg)과 함께 〈Awake〉의 작사에 참여하고, 자신이 직접 창작한 〈이 밤〉과 〈Epiphany〉를 부르기도 했다. 〈이 밤〉은 진이 키우던 반려동물과의 예정된 이별의 슬픔을 노래로 표현한 곡이다. 〈Epiphany〉는 세상의 유일무이한 빛나고 소중한 자신의 영혼을 발견하고, 그 영혼과 함께 비상하

[61] 김남국(2018:45-46) 참고.

[62] 구글 위키피디아 'RM 《Mono》' 참고.

고 싶은 열망을 담고 있다. 그는 드라마 '지리산'의 OST인 발라드곡 〈Yours〉와 트롯 풍의 흥겨운 〈슈퍼참치〉를 불러 코로나로 지친 팬들에게 즐거움을 선사했다.

슈가는 메인 래퍼와 프로듀서의 역할을 주로 담당한다. 슈가가 단독 보컬로 작업한 〈First love〉에는 음악을 사랑하는 계기가 된 집안의 갈색 피아노와의 추억이 담겨 있다. 대표적인 솔로 곡으로 〈대취타〉와 〈Seesaw〉, 〈Respect〉, 아이유와 함께 부른 〈8ight〉 등이 있다. 2022년 4월 자신이 직접 창작한 〈That That〉을 선배 가수 싸이(Psy)와 함께 불렀다. 싸이와 슈가가 부른 〈That That〉이 빌보드 차트에 진입했고, 〈That That〉은 〈강남스타일〉(2012)과 〈Gentleman〉(2013)이후 빌보드 차트 100위에 진입한 싸이의 다섯 번째 곡이 되었다. 슈가는 네이버 웹툰 '착호 7fates'의 주제가인 〈Stay Alive〉를 만들어서 정국이 부르도록 했다. '살아 있으라(Please you stay alive)'는 단 한마디의 말이 자신이 지금껏 살아가도록 힘을 주었다는 애절하고 감성 짙은 발라드 곡인 〈Stay Alive〉는 빌보드 디지털 송 세일즈 차트에서 1위를 차지하기도 했다.

지민이 솔로로 부른 〈Filter〉는 2020년 3월 17일 빌보드 핫 100 차트에서 87위를 기록했다. 지민의 대표적인 솔로 곡으로는 성탄절에 만난 운명적인 사랑을 노래한 경쾌한 리듬의 〈Christmas love〉, 자신을 알아봐 주고 이름을 불러준 서로가 꽃이고 페니실린 같은 고마운 존재임을 노래한 〈Serendipity〉 등이 있다. 뷔와 함께 부른 〈Friends〉에서는 BTS 멤버들과의 영원히 변치 않는 우정을 노래했다. 지민은 2022년 워너원 멤버인 하성운과 함께 〈With you〉를 불러서 빌보드 핫100차트 1위를 차지했다. 〈With you〉는 한국 드라마 '우리들의 블루스'의 삽입곡으로, 진정한 사랑과의 영원한 동행을 희망하는 내용의 차분한 감성 발라드 곡이다.

제이홉의 솔로 곡으로는 신나는 댄스곡 〈chicken noodle soup〉과 〈Just dance〉가 있고, 자신의 낙천적인 성격을 노래한 〈Hope world〉가 있다. 그는 성공 후 엄마의 노고에 감사하며 자신에게 기대라는 진심을 담아 〈Mama〉를 부르기도 했다. 2022년 5월 9일 제이홉은 스포티파이에서 팔로워 수 1,000만 명을 돌파하면서, 한국 솔로 가수 최초로 가장 많은 팔로워 수라는 기록을 세웠다.

제이홉은 2022년 7월 31일 미국 시카고에서 개최된 롤라팔루자(LOLLAPALOOZA) 음악 페스티벌에 솔로로 참석했고, 당시 공연 실황은 위버스에서 생중계되었다. 제이홉은 롤라팔루자 축제의 대미를 장식하며 앨범 《Jack in the Box》의 수록곡 〈More〉, 〈Equal sign〉, 〈Daydream〉을 불렀다. 또한 다양한 인종으로 구성된 현지 댄서들과 함께 〈Hope world〉, 〈Daydream〉, 〈Chicken noodle soup〉 그리고 BTS의 〈Dynamite〉을 포함해서 모두 19곡의 노래를 열창했다. 시카고 광장에 모인 10만 5천 명의 팬들은 제이홉의 앨범 수록곡을 떼

창으로 이미 외워서 따라 부르며 파티를 즐겼다. 대규모 세계 음악 축제에 제이홉이 공연의 대미를 장식한 것은 한국 가수 최초의 일이라고 한다.

뷔도 감성을 담은 시적인 발라드 곡의 작사와 작곡에 참여했다. 뷔가 제이홉과 함께 부른 자작곡 '안아줘(Hug me)'가 있고, 진과 함께 만든 〈죽어도 너야(Even if I die, It's you)〉, 알엠과 함께 한 〈네 시'(4 O'clock)〉, 〈Christmas Tree〉, 〈풍경'(Scenery)〉, 〈Stigma〉, 〈Singularity〉, 〈Winter Bear〉, 〈Inner Child〉, 〈Sweet child〉 능이 있으며, 최근에는 아미에 대한 사랑을 담은 〈Travel with me〉 노래와 영상을 유튜브에서 공개했다.

정국은 BTS에서 메인 보컬로 노래뿐만 아니라, 춤, 작사, 작곡 분야에서도 재능을 발휘하고 있다. 데뷔 당시 15살이었던 정국은 체계적인 교육을 통해 작곡과 프로듀싱 실력까지 차분히 쌓았다. 〈Love is not over〉는 정국의 멜로디를 기반으로 탄생했다. 2016년 《WINGS》 에서 〈Begin〉의 가사는 BTS 멤버들에 대한 애정을 담아 정국이 직접 작사했다. 정국의 대표적인 솔로곡으로 〈Euphoria〉, 〈Still with you〉 등이 있다. 정국은 자신의 생일에 아미가 댓글로 달아준 가사에 즉석에서 〈For Army〉를 만들 정도로 뛰어난 작곡 실력을 갖추고 있다. 네이버 웹툰 착호(Chakko)의 수록곡으로 슈가가 만든 〈Stay Alive〉를 정국이 불러서 87일 만에 109개국 아이튠즈 톱송 차트(Itunes Top song chart)에서 1위에 오르기도 했다. 정국의 〈Stay Alive〉는 애플 관련 기기를 사용하는 109개국의 유저들이 가장 많이 청취한 곡이 되기도 했다. 정국은 찰리 푸스(Charlie Puth)와 함께 〈Left & Right〉를 6월에 함께 발표해서 빌보드 차트 10위권에 진입했다.

2022년 8월 첫째 주, 빌보드 핫 트렌딩 송 차트(Hot trending song chart)에서 BTS 멤버들의 노래 가운데 5곡이 10위권 안에 들었다. 핫 트렌딩 곡은 트위터에서 가장 많이 언급된 음악을 기준으로 순위가 결정된다. 8월 첫 주 빌보드 핫 트렌딩 송 차트에 따르면, 트위터에서 지민이 성운과 함께 부른 〈With you〉가 1위를 차지했고, 5위와 6위는 제이홉의 〈Arson〉과 〈More〉이 나란히 진입했다. 진의 〈Yours〉와 〈슈퍼참치(Super Tuna)〉가 각각 7위와 9위를 기록했다.

	Song	Artist	트윗 수
1	With you	Jimin X Hasungwoon(지민과 하성운)	1,529,795
2	Lalisa	Lisa	1,403,752
3	Money	Lisa	1,293,417
4	ParadoXXX Invasion	ENHYPEN	954,318
5	Arson	J-Hope(제이홉)	842,437
6	More	J-Hope(제이홉)	842,276
7	Yours	JIN(진)	829,911
8	Guerrilla	ATEEZ	828,317
9	Super Tuna	JIN(진)	811,726
10	Forever Love	Mew Suppasit	804,303

<2022년 8월 첫째 주 빌보드 핫 트렌딩 송 차트>

BTS는 자율형 아이돌로서, 노래, 춤, 랩, 작사와 작곡, 광고, 모델, 연기 등 다양한 분야를 섭렵하며 한국과 세계의 대중음악을 이끄는 젊은 리더로서 여전히 성장과 발돋움을 지속하고 있다. BTS는 이미 빌보드와 각종 음원차트를 섭렵하는 전후미답(前後未踏)의 전설이 되었지만, BTS와 아미의 최고의 순간들은 〈Yet to come〉의 가사처럼 앞으로도 계속될 것이다.

최근 BTS 멤버들은 각자 국내외 선후배 가수와 함께 컬래버 작업을 하는 독립적이고 자율적인 활동을 하고 있다. 한국 아이돌 그룹의 특성상 BTS도 완벽한 공연을 위해 한 공간에서 합숙하며 안무와 노래를 연습하는 단체 생활을 지속했었다. 방시혁 대표가 과거 JYP의 프로듀서에서 독립해서 빅히트의 대표가 되었듯이, BTS의 9년간의 국내외 활동은 이미 전설로 기억되고 있다. BTS 멤버들의 개별 활동과 관련해서 해외 보이그룹의 실례를 살펴보면, 영국 밴드 비틀즈는 해체 후 4명의 멤버 각자가 개인적으로 음악 활동을 하며 정치적 행보를 이어갔다. 또한 1988년 〈I'll be loving you(forever)〉와 1990년 〈Step by step〉으로 빌보드 핫 100차트에서 1위를 차지했던 뉴키즈 온디 블럭(New Kids on the Block)은 당시 아이돌 시대의 포문을 연 미국 보이그룹이었다. 5명의 멤버는 1994년 해체했다가 14년만인 2008년에 다시 재결합해서 음악 활동을 계속하고 있다. BTS는 유년기의 우상이었던 뉴키즈 온더 블록을 2021년 아메리칸 뮤직 어워드(AMAs)에서 만나 〈Step by step〉 공연 무대를 즐기는 행운을 잡기도 했다.

BTS는 이미 멤버들 각자가 아티스트로서 독립할 만큼 성장했다. 알을 깨고 나올 시기가 된 새를 어떻게 알 속에 다시 가두겠는가? 각자의 날개를 달고 비상할 시점이 온 것일 테다. 무엇을 상상하든, BTS는 그룹으로 또한 개인적으로 자신들이 좋아하는 일을 계속해 나갈 것이다. 팬들은 다양한 맛의 아이스크림을 골라 먹듯, 일곱 멤버의 자유로운 대외 활동을 지켜보며 응원할 것이다. 아직 젊고 가능성으로 충만한 BTS의 길이 음악이나 방송계에 머물든지, 혹은 다른 영역으로 확장되든지 나는 그들 모두의 행복과 건승을 진심으로 응원한다.

5.7. 전문 스탭들의 완벽한 기획력

BTS 음악은 창작, 안무, 프로듀싱과 뮤직 비디오를 소속사에서 총괄한다. 우선 회의를 통해 앨범의 테마가 정해지면 멤버들을 중심으로 음악을 창작한다. 창작 과정에는 일단 BTS 멤버들이 참여하고, 슈프림 보이(Supreme Boi), 피독(Pdogg), 슬로우 래빗(Slow Rabbit) 등 전문 창작자들의 손길을 거쳐 곡을 완성한다. 피독은 하이브의 프로듀싱 디렉터로서 음악의 창작과 녹음, 악기 연주, 음을 고르는 패딩(Padding) 등 제작 전반을 책임진다. 최근에는 영어권 팬들과의 소통을 위해 해외 전문가에게 창작을 의뢰하는 열린 제작과 협업으로 BTS와 어울리는 〈Make it right〉, 〈Butter〉, 〈Dynamite〉, 〈Permission to dance〉, 〈My universe〉등을 발표해서 국내와 해외 팬덤의 꾸준한 사랑을 받았다.

일단 노래가 완성되면 안무 제작은 손성득 퍼포먼스 디렉터가 담당한다. 손성득은 BTS 뿐만 아니라, 하이브의 다른 아이돌 그룹의 안무 제작자로 활동하고 있다. 멤버들의 음원과 안무의 완성단계에서 BTS의 신곡에 어울리는 뮤비는 룸펜스(Lumpens) 사단이 투입된다.[63] 팬들은 라이브 공연이나 한국 방송을 놓쳤더라도, BTS의 뮤비를 통해 태엽을 감을 필요 없는 오르골 상자처럼 아름다운 노래와 영상을 무제한으로 감상할 수 있다. 최고의

---

63 KBS 명견만리 – 방시혁이 말하는 '방탄소년단과 K-pop의 미래'

음악과 영상을 팬들에게 제공하고 싶었던 하이브 제작진과 해외 전문가들의 기획력이 BTS의 새로운 도약을 위한 날개를 달아주었다.

5.8. 팬을 진심으로 존중하는 진정성

BTS는 팬덤 아미(ARMY)를 마치 사랑하는 연인처럼 소중하게 대한다. 실제로 BTS의 공연 무대에서 아미의 이름을 불러주고, 아미의 로고를 무대에 함께 전시하기도 한다. 시상식에서 가장 먼저 감사와 사랑을 전하는 대상은 단연코 아미이다. 가장 최고의 모습을 보여주고 싶은 아미에게 BTS는 아무리 자신들이 천재적인 음악가여도, 자신들의 음악을 사랑하고 지지해주는 팬들이 없으면 무의미하다는 사실을 알고 있다.

나는 이렇게나 진솔하고 겸손하게 팬들에게 감사의 마음을 자주 표현하는 아이돌 가수를 본 적이 없다. 어린 자신들의 초특급 자수성가와 명성에 우쭐하거나 의기양양할 수도 있지만, BTS는 늘 한결같은 태도로 사랑해주는 팬들을 특별한 존재로 여기며 감사와 사랑을 표현한다.

BTS는 한국과 전 세계인의 아들, 동생, 남자친구 같은 친근감을 주며 아미들의 여전한 지지와 사랑을 받고 있다. BTS는 이미 시대의 아이콘으로 상징되는 전설적인 해외 그룹 비틀즈, 퀸

(Queen), 뉴키즈 온더 블록에 버금가는 명성을 얻고 있다. 해외에서는 케이 팝(K-pop), 케이 푸드(K-food), 케이 컬쳐(K-culture), 케이 드라마(K-drama)로 유명해진 한국이 오히려 BTS의 나라로 알려질 만큼, BTS는 한국과 케이 팝의 위상을 드높이고 있다. 음악에 자신들의 정서와 목소리를 담아 젊은 세대를 대표해서 꿈과 사랑을 향해 달리는 영원한 젊음, 〈Young Forever〉를 증명해내고 있다.

BTS가 팬과의 소통에서 성공한 이유는 진정성 있는 태도, 즉 팬들을 소중히 여기고 진심을 다하는 솔직한 모습 덕분이다. BTS는 팬들의 삶이 행복해지기를 진정으로 바란다. 방탄소년단(防彈少年團)의 의미대로 어려움과 위험 요소를 막아내고 평등한 사회를 위한 발언과 행보를 지속하며, 사회적 이슈를 반영한 음악을 발표하고 있다. BTS의 진정성은 수평적 관계를 나누는 무경계형 미디어에서 팬들에게 고스란히 전달된다.[64] BTS는 소년의 순수함을 그대로 간직하고 있으며, 팬들의 과분한 사랑과 인기에 가끔은 어깨가 무겁다고 말하는 아이돌이 아닌 어른돌이다.

BTS는 자신들을 사랑하는 팬들에게 자주 "사랑해, 보라해(I love you, I purple you)"라고 말한다. 보라해는 서로를 향한 사랑과 믿음을 포함한다. 최근에는 '아미 포에버, 방탄 포에버

---

[64] 김남국(2018:191) 참고.

(Army Forever, Bangtan Forever)'의 줄임말인 '아포방포'로 아미와 BTS의 영원한 결속을 다짐하곤 한다.

BTS는 대중의 자리로 내려와 기꺼이 눈높이를 맞춘다. 멤버들이 브이 라이브 방송에 불현듯 찾아오면 팬들에게 알림창이 뜬다. 팬들에게 오늘의 일상을 물어보고, 채팅방의 댓글에도 실시간으로 대답한다. 멤버들은 소소한 일상을 공유하며 팬들과 대화를 이어간다. 음식, 스케쥴, 부상으로 치료받는 이야기, 반려동물 등 이야기의 소재는 평범하고 일상적이다. 팬들은 열심히 살아가는 BTS의 일상을 보며 자신을 더 아끼고 사랑하게 된다. 또한 자신의 소소한 일상을 나누는 멤버들과의 대화는 팬들이 자신의 분야에서 성실하게 살아갈 새로운 힘과 용기를 준다.

5.9. 글로벌 팬덤과의 지속적인 소통 능력

BTS의 음악을 좋아하는 해외 팬들이 늘어나면서, BTS는 영어, 일본어 노래로 현지인과 소통하고 있다. 소통 능력이란 단순히 말을 잘하거나, 외국어를 구사하는 능력의 유무로 결정되지는 않는다. 우리가 흔히 친화력이 있고 붙임성이 좋다고 말하는 사람들은 공감 능력이 뛰어나고 타인에 대한 진입장벽이 낮은 특성을 보인다. 그들은 새로운 환경에 대한 적응력이 뛰어나고, 편견이나 선입견으로 상대방과 벽을 쌓지 않는다. BTS는 수많은 해외 팬들을 위해 전 세계를 다닌 경험을 토대로, 세계 시민으로서의 성숙한 인격과 태도를 갖추고 있다.

BTS는 국적, 인종, 빈부의 차이와 상관없이 모두가 소중하다는 인류애 가득한 상념을 음악에 담고 있다. 실제로 멤버들은 일본어, 중국어, 베트남어, 영어 등으로 노래를 부르고, 현지어로 소통할 정도의 외국어 실력을 갖추고 있다. BTS는 순수하게 자신들을 아껴주는 팬들을 위해 외국어를 익혔다. 심지어 〈퍼미션투댄스〉에서는 음악을 들을 수 없는 사람들과도 공감할 수 있는 수어를 안무에 융합하기도 했다. BTS는 더 많은 사람들이 음악을 즐길 수 있는 평화롭고 평등한 세상을 지향한다.

6

공감형 리더, BTS가 꿈꾸는 세상

• • •

6.1. 공감력과 공감 지능

BTS는 소수의 인권 옹호와 사회적 이슈를 적극적으로 공론화하며, 공감과 위로의 메신저로서 선한 영향력을 행사하고 있다. 가요계와 방송계를 포함한 학계와 기업가들도 BTS의 노래에 담긴 메시지, 소통 방식, 성공과 성장의 전략과 비법을 궁금해 하며 연구를 진행하고 있다. 사실 BTS를 연구하는 이유는 그들의 열정과 성공에 대한 감탄에서 시작되곤 한다. BTS가 빅히트라는 작은 소속사의 보이그룹에서 국내외 미디어의 섭외 1순위에 오르는 국제적 밴드로 성장한 비결은 시청자들의 두뇌에서 활성화되는 공감 지능과 거울 뉴런의 작용으로 설명할 수 있다.

1996년 이탈리아의 파르마에서 원숭이의 두뇌 작용을 연구한 자코모 리촐라티(Giacomo rizzolatti) 교수팀은 실험을 통해 뇌에 존재하는 공감 뉴런의 실체를 밝혀냈다. 연구팀의 팀원이 마카크 원숭이에게 땅콩을 건네자, 원숭이의 전두피질 F5 뉴런이 활성화되었다. 하루는 연구원이 실험대상인 원숭이 앞에서 땅콩을 잡았다. 이때 연구원이 땅콩을 잡는 동작을 봤을 때, 원숭이의 뇌에서는 자신이 땅콩을 잡을 때와 동일한 위치의 전두피질 F5가 활성화되는 현상이 발견되었다. 원숭이는 움직이지 않고 그저 연구원의 행동을 보는 것만으로 뇌의 동일한 부위가 활성화되었다.

리촐리티 팀은 동일한 실험을 원숭이가 아닌 사람을 대상으로 실시해보았다. 두 번째 실험에서도 행위자의 동작을 보는 것만으로 관찰자가 직접 행동할 때와 동일한 두뇌의 전두피질 F5가 활성화되었다. 연구 팀은 실험을 통해 사람의 두뇌에 시각만으로 활성화되는 신경세포가 존재한다는 사실을 증명해냈다. 학자들은 시각적 자극으로 활성화되는 신경세포를 '거울 뉴런(mirror neuron)'이라고 명명했다. 당시까지 인간의 이성은 육체적 감각이나 감정과는 별도로 작용한다는 데카르트의 이원론이 정설로 수용되었다. 하지만 '거울 뉴런'이 발견되면서, 인간의 육체와 감정이 연결되어 있다는 사실이 실험을 통해 증명되었다.[65]

심리학에서는 우리가 바라보는 대상과 그의 상태에 따라 유사

[65] 제러미 리프킨(2010:101-111) 참고.

한 감정과 기분을 느끼게 되는 효과를 '거울 효과(mirror effect)'라고 부른다. 일부 학자들은 거울 세포를 '공감 뉴런(empathy neuron)'이라고도 불렀다. 그 이유는 우리가 바라보는 대상을 통해 뇌의 동일한 위치가 활성화되고, 대상과 유사한 기분과 감정 상태를 느끼기 때문이다. 공감 뉴런 실험을 통해 인간의 육체와 감정이 상호작용을 한다는 획기적인 연구 성과를 얻게 되었다. 즉 사람은 바라보는 대상의 상태에 따라 정서적으로 영향을 받는다. 거울 뉴런의 발견으로 학자들은 인체를 다루는 생물학과 정서를 다루는 심리학을 연결하는 단서를 제공했다.

공감력은 개인의 환경과 정서 상태에 따라 달라질 수 있다. 공감력과 공감 지수가 높은 사람들은 타인의 감정과 입장을 이해하는 능력이 뛰어나다. 보는 대상에 따라 우리의 두뇌와 정서가 영향을 받는다면, 우리가 있는 장소, 매일 클릭하는 기사와 이슈에 늘 신중할 필요가 있다. 긍정과 행복, 칭찬을 선택하는 사람은 상대방을 통해 자신도 긍정 심리와 행복감을 느낀다는 사실이 과학적으로 증명되었기 때문이다. 팬들은 BTS의 천재적 재능과 화려한 공연 그리고 성공을 함께 축하하며 마치 자신의 일처럼 행복과 자부심을 느낀다. 기쁘고 행복한 일에서 뿐만 아니라, 현세대가 직면한 여러 위기와 사회 문제들도 함께 공감하고 대책을 세우는 일에도 동참하고 있다.

BTS의 〈Louder than bomb〉에는 팬들이 BTS에게 들려주는 세상 이야기에 대한 솔직한 심정이 담겨있다. BTS는 팬들과의 수평적 소통을 자주 한다. 스타와 팬덤으로 서로의 입장은 다르지만, 인생에서 접하는 문제는 그리 다르지 않기 때문이다. BTS가 음악에서 표현한 현세대의 위험 요소는 일곱 가지로 분류할 수 있다.

첫째, 타인의 꿈을 위한 희생

둘째, 청춘들의 심리적 불안과 포기

셋째, 가짜 사랑

넷째, 사랑의 실패

다섯째, 잘못된 권력에 의한 희생

여섯째, 인권과 행복의 상실

일곱째, 죽음과 절망

BTS는 음악으로 세대의 위험을 차단하는 대책을 마련하기 위해, 청춘의 방황과 과소비, 모호한 꿈과 성공에 대한 두려움, 차별, 포기의 부정적 개념의 실체를 드러내고 정면 돌파한다. 또한 상대방을 위한 희생과 헌신은 진정한 사랑이 아니며, 우선 자신을 진정으로 사랑해야 한다는 사랑의 단상을 음악에서 표현했다. BTS는 하이브의 장남 같은 후광을 자랑하며, 한국 케이 팝의 역사상 새로운 기록들을 갱신하고 있다. 뿐만 아니라 더 좋은 미래 사회를 위한 세계 젊은이의 리더이자 정신적 지주로서, 젊은 영웅의 신화와 선행을 지속하고 있다.

젊음의 힘은 첫째, 기성세대보다 높이 비상하고 현명해지려는 욕구, 둘째, 잘못된 역사와 세태를 바로잡고 싶은 정의감, 마지막으로 자신의 삶에 대한 뜨거운 열정이라고 생각한다. BTS는 세계인과 친구가 되어 고민과 기쁨을 나누며 문제 해결을 위해 서로의 힘을 연대하고 있다. 아미들 역시 BTS의 순수한 이도에 공감하고 세상을 더 좋은 곳으로 바꾸는 시대적 소명에 동참하고 있다. 현재 자신을 아미라고 밝힌, 그리고 조용히 BTS의 행보에 동행하며 자기 사랑과 타인 사랑을 실천하는 사람들은 정치계, 연예계, 학계, 각 분야의 일반인들까지 무수히 많다. 아미는 서로 경쟁하지 않고 질서를 지키면서도 상생과 공공의 선을 추구하는 올바른 지향점을 향해 지혜를 모아 자유롭게 연대한다.

6.2. BTS의 음악 세계와 메시지

6.2.1. 자기사랑 (Love yourself)

아일랜드의 극작가 오스카 와일드는 “자기 자신을 사랑하는 것, 그것은 평생에 걸친 로맨스의 시작이다”라는 말을 남겼다. 태어나서 나와 가장 오랜 시간을 보내는 사람은 누구일까? 유아기에는 부모와 많은 시간을 보낸다. 성장하면서 우리는 부모와 친구, 동료, 그리고 사랑하는 사람들과 인생을 동행한다. 하지만 사람들과 함께 하면서도 우리가 가장 많은 시간을 보내는 대상은, 바로 나 자신이다. 게다가 코로나 이후에는 재택근무와 온라인 수업 등으로 학교와 직장에서 보내는 시간이 줄어들면서, 개인 혼자만의 시간이 이전보다 한층 증가했다. 역사적으로 사람들은 진정한 사랑, 그리고 삶의 궁극에 대해 알고 싶어 했고, 어떻게 살아가는 것이 좋은 삶일까에 대한 해답을 찾는 일에 많은 시간을 할애해왔다.

소크라테스(B.C. 470-399)는 델포이 신전 입구에 새겨진 문구인 '너 자신을 알라'라는 말을 자주 언급했다. 그는 제자들과 질문하고 답하는 문답법을 통해 제자들의 현명한 철학적 사고법을 훈련시켰다.

기독교의 핵심 사상을 정리한 누가복음 10장에는 한 율법 교사가 예수님께 '어떻게 하면 영생을 얻을 수 있습니까?'라고 질문하는 장면이 나온다.[66] 예수님은 도리어 영생에 대해 율법에 기록된 내용을 되물으셨다. 율법 선생은 "네 마음을 다하고 목숨

---

66 기독교의 핵심은 인류의 구원을 위해 세상에 오신 예수 그리스도의 사랑과 구원을 믿음으로써, 현생에서의 축복과 구원 그리고 영원한 천국을 보장받는 삶을 누리는 복음이다. 예수 그리스도는 3년간의 공생애 기간 동안 신의 아들이자 인간으로서 인류에게 길, 진리, 생명에 이르는 구원의 길을 열어주셨다. 전 인류의 속죄를 위해 단 한 번의 고통과 죽음을 감수하고, 3일 만의 부활로 하나님의 극진한 사랑과 용서와 구원의 길이 되셨다. 기독교의 핵심은 예수의 죽음 보다는 부활을 사망의 권세를 이기고 다시 살아난 부활의 승리에 있다. 신약의 마태복음, 마가복음, 누가복음, 요한복음은 모두 예수님의 공생애 삶과 행하신 기적을 기록한 저자의 이름을 붙였다. 복음서는 예수의 연보부터 인류를 위한 희생과 부활의 승리를 전하기 위해 제자들이 기록했다. 성경을 두 단어로 요약한다면, 공의와 사랑, 그리고 진리 안에서의 자유와 영생이다.

을 다하고 힘을 다하고 뜻을 다하여 주 너의 하나님을 사랑하고, 또 네 이웃을 네 몸과 같이 사랑하라고 적혀있습니다"라고 대답한다. 기독교의 핵심 사상인 사랑은 영적으로 하나님을 사랑하고, 실생활에서 자신을 사랑하고 어려움에 처한 이웃을 돕고 사랑하는 것으로 요약된다.

BTS는 〈Fake love〉에서 타인을 위해 괜찮은 척하는 인형 같은 사랑은 사이비 사랑(Pseudo love)이라고 말한다. 진정한 사랑은 솔직하며, 자신의 상황을 있는 그대로 드러내 보인다. 실제로 BTS는 화려한 무대와 멤버들의 평범한 일상의 편린(片鱗)을 팬들에게 공유한다. 가장 친한 친구를 떠올려보면, 우리 자신도 가장 친한 친구들과 삶의 실제적인 고민과 문제들을 정말 솔직하게 나눌 때가 많다. BTS는 우선 자신의 상황을 솔직하게 보여주며 아미의 진정한 친구가 되기 위해 노력한다.

〈작은 자를 위한 시〉의 가사처럼 사랑이라는 추상적인 표현은 사랑하는 사람만큼 강하지 않다(Love is not stronger than a boy with love). 여성이든 남성이든 사랑하는 사람은 매일 강해진다. 진정한 사랑은 세계 평화라는 대의명분에 사랑을 희생시키거나, 연애의 질서를 운운하며 감정을 시시콜콜 확인하지 않는다. 사랑하는 연인이 생긴 사람, 반려동물을 키우는 사람, 자녀를 양육하는 부모, 환자를 돌보는 의료진, 산업을 이끌어 가는 기업가와 직장인, 국가를 책임지는 공무원, 우리는 각자의 자리에서 저마다의 역할을 한다. 자신과 사랑하는 대상을 지켜주는 것이 사랑하는 사람의 일이기 때문이다.

6.2.2. 자기애의 확장과 초월적 성장

경영학 교수인 조지 녹스(George Knox)는 "더 나아지길 중단하면 잘하는 것마저 정체된다. 성장하길 멈추면 쓸모가 없어진다. 현재의 나는 어제의 나의 결과물이다. 우리가 오늘 한 생각이 내일의 행동을 결정짓게 된다."[67]라며 인생에서 성장의 중요성을 강조했다. 기사화되거나 책에 기록된 성공한 사람이나 위인들은 나의 성장과 발전에 피상적인 자극을 잠시 줄 수는 있다. 하지만 실제로 자신을 변화시키는 힘은 오로지 자신의 내면에서 나온다. 내면의 의지를 행동으로 실천하는 매일이 반복되어 현재가 있고, 그러한 매일이 축적되면서 우리는 초월적 변화와 성장을 경험할 수 있다. 나는 30살이 되면 노처녀가 되는 줄 알았다. 50살이 되면 건강을 염려하며 그저 노후를 준비하게 되는 줄 알았다. 하지만 인생은 생각보다 길다. 게다가 발달된 좋은 음식과 예방의학의 발달로 우리 인생은 예전보다 오랫동안 건강을 유지하는 시대가 되었다. 독신으로 살든 결혼을 하든 너무 조급하게 서두르지 말고, 중년, 그리고 노후까지 인생을 멀리 보고 건강과 경제력을 갖추며 차근차근 설계해야 한다.

대학(大學)에는 '修身齊家國平天下(수신제가치국평천하)'라는 말이 나온다. 대학은 사람이 수양으로 자신을 수양해서 타인에

---

67 존 맥스웰(2014:148) 부분 인용.

게 선한 영향력을 주고, 마침내 세상을 다스릴 수 있는 지도자가 되는 '수기치인(修己治人)'의 원리를 가르치고 있다. 나라와 세상이라는 더 넓은 세상으로의 확장을 위해서는 우선적으로 자신을 사랑하고 다스림이 만사(萬事)의 근본임을 알려주고 있다.

사람은 건전한 자기 사랑을 기반으로, 가족과 이웃, 그리고 세상을 더욱 사랑할 수 있게 된다. 자신을 완성하는 데 오롯이 집중하는 사람은 타인과 자신을 비교하지 않는다. 타인과의 비교로 우월감이나 열등감에 사로잡힐 필요도 없다. 그저 오늘의 자신을 있는 그대로 사랑하고, 매일 조금 더 나은 자신을 완성하는 데 집중한다. 우리의 시선은 늘 밖을 향해 있어서 일부러 거울로 비춰보지 않으면, 타인의 삶만 관찰하거나 지나치게 의식하기 쉽다. 우리가 상대방을 손가락질하며 비난할 때 엄지와 검지를 제외한 나머지 손가락은 항상 나 자신을 가리키고 있다. 훌륭한 경주마는 골인 지점을 향해 전속력으로 달릴 뿐이다. 시간과 에너지를 타인에게 쏟기보다는 항상 자신을 점검하고 자신의 일에 집중하는 편이 낫다. 타인이나 세상의 상황은 변화시킬 수 없더라도, 나 자신을 변화시키는 일은 오히려 쉽기 때문이다.

인생을 살아가다 보면, 타인이나 조직에서 거절이나 거부를 당하는 일이 생길 수 있다. 부모와의 갈등, 지원한 학교나 회사에서 합격 통지를 못 받기도 한다. 하지만 실망하고 좌절할 필요는 전혀 없다. 닫힌 문만 바라보며 원망하고 좌절하면, 바로 지는 것이다. 아무 일 없던 듯 툭툭 털고 일어나 인생의 그 다음 페이지를 넘기고 새롭게 시도하면, 이기는 것이다. 왜냐하면 세상에 한 번도 거부를 당하지 않은 사람은 단 한 명도 없기 때문이다. 천재 과학자 에디슨이 전구를 만드는 데 1,000번의 실험[68]에 실패했다는 이야기가 있다. 에디슨의 일화는 우리 같은 평범한 사람들이 오뚝이처럼 다시 일어나 도전할 용기를 준다.

2022년 6월 21일 한국은 12년의 연구를 통해 순수하게 우리 기술로만 완성된 누리호 발사에 성공했다. 만약 12년간의 설계와 연구의 과정이 없었다면, 결코 우주 강국의 꿈은 실현될 수 없었을 것이다. 8월 5일 오전 8시 8분 미국 플로리다 케이프커내버럴(Cape Canaveral) 우주군 기지에서 한국 최초의 달 탐사선인 다누리 호가 발사에 성공했다. 무게 678kg, 크기 2.3m (날개포함 6.3m)의 다누리 호는 재사용 스페이스X 팰컨9 발사체에 실려 1차로 발사를 진행했다. 이로써 한국은 세계에서 7 번째로 달 탐사선 발사에 성공한 우주 강국에 진입하게 됐다. 다누리 호는 12월말까지 달 궤도에 진입해서 1년간 NASA 유인 탐사, 달 착륙 후보지 탐사, 달 표면 자원 탐사, 그리고 우주 인터넷 시험이라는 네 가지 임무를 수행한다. 탐사와 실험은 고해상도 카메라를 포함한 6종의 탑재 체를 통해 수행될 예정이다. 우주 인터넷 시험을 위해 BTS의 〈다이너마이트〉 뮤직비디오가 우주 인터넷 탑재 체에 포함되었다. 달 착륙 후, BTS의 뮤비를 지구로 송

68 에디슨이 전구를 발명하기 위해 400번, 1,200번 또는 2,000번의 실패를 경험했다는 설이 있음.

신해서 지구와 달의 인터넷 송수신 실험에 사용할 예정이다.

한국은 이처럼 남북이 분단된 후 75년간 각 분야에서 전쟁의 상흔과 시련을 극복하며 역사의 놀라운 진보와 성장을 이룩해냈다. 한국은 근면성과 강인한 의지로 기업, 환경, 우주과학, 교육, 의료, 문화와 예술, 복지와 방위산업 등 다방면에서 성장을 지속하고 있다. 실패는 그저 인생의 성장과 완성으로 가는 과정일 뿐이다. 많이 실패했다면 그만큼 많이 도전한 것이다.

숀 아처(Shawn Achor:2012:164)는 『행복의 특권』에서 우리가 경험하는 불행과 슬픔에 대처하는 태도에는 두 가지가 있다고 설명했다. 인생에서 사람들은 가족의 죽음, 질병, 전쟁, 자연재해, 폭력, 차별, 실패 등의 아픔을 경험할 때가 있다. 다양한 시련을 통해 사람들은 잠시 외상 후 스트레스를 심하게 겪지만, 이와 반대로 시련을 극복하고 오히려 성장을 경험하는 사람들이 있다. 인생의 시련을 통해 새롭게 성장하는 경우를 전문가들은 외상 후 성장(Post-Traumatic Growth)이라고 부른다. 외상 후 스트레스를 극복한 사람들은 체력과 의지를 기초로 한 회복탄력성(Resilience)이 좋은 사람들로, 과거 보다는 현재에 감사하는 성숙한 인격의 사람들이다. 자신에게 상처를 준 대상이나 환경에 분노하기보다는 아픔을 오히려 선하게 극복하고 자기 성장의 기회로 바꿨기 때문이다. 라인홀드 니버(Reinhold Niebuhr)의 기도처럼, 바꿀 수 있는 것은 바꾸는 용기와 바꿀 수 없는 것은 그대로 수용할 수 있는 평정심, 그리고 이 두 가지를 분별하는 지혜를 하나님께 기도로 간구하며 그저 전진하는 것이다.

실패의 수렁에서 스스로 빠져나오려면 전환의 의지와 실행력이 필요하다. 자신의 인생 시간표가 실패한 시간에 머물렀다면, 가능한 한 빨리 그 순간에서 벗어나길 바란다. 인생을 마치 재밌는 게임을 즐기듯이 흥미를 끄는 일을 찾아보고 새롭게 도전하면 된다. 단번에 게임을 통과하지 못해도, 계속 반복하다 보면 게임을 통과하고 상승하는 순간이 온다. 실패와 좌절을 대수롭지 않게 여기는 유연성은 긴 인생을 살아가는 데 아주 중요한 덕목이다. 성공한 사람은 실패와 실수를 딛고 성공할 때까지 목표를 향해 계속 도전하는 사람이다. 갓난아기는 수없이 넘어지고 일어서기를 반복해서 12개월이 되어서야 스스로 걸음마를 완성한다. 걸음마를 익히는 것만도 1년 이상의 시간과 노력이 걸린다면, 우리가 새로운 일에 착수해서 목표를 달성하기 위해서 당연히 일정량의 시간이 필요하게 마련이다. 그러니 너무 조급하게 생각하지 않아도 괜찮다. 불안이라는 감정은 대체로 무언가를 시도할 때보다는 아무 것도 안할 때 생기는 정서 상태이다. 우리는 자신의 일에 집중하는 과정에서 오히려 몰입의 기쁨과 안정감을 느끼게 된다. 우리가 최선을 다할 수 있는 날은 바로 오늘 하루뿐이다.

전 세계 500만 명의 글로벌 리더들이 최고의 인생 멘토로 뽑은 사람은 존 맥스웰(John Maxwell)이다.[69] 맥스웰은 인생의 성장 단계에서 “우리는 가끔은 승리하고, 가끔은 배우게 된다(Sometimes we win, sometimes we learn)”라고 말했다. 다시 말해서, 우리가 인생에서 무언가를 도전하면 승리를 얻거나 잠시 실패하더라도 교훈과 깨달음을 얻게 된다. 도전은 항상 승리의 쾌감과 깨달음 이상의 유익을 가져다준다. 우리는 배움과 성장을 통해 인생을 풍요롭게 만들 수 있다. 결국 우리가 시도하는 일에서 잃을 것은 하나도 없다. 시도를 통해 우리는 자신이 선정한 목표에 도달하거나 경험을 통해 내면의 힘을 기를 수 있다. 영어의 ‘Triumph’는 수많은 시도(Trial)를 통해 마침내 얻어지는 승리를 의미한다. 자신을 도와줄 사람들을 찾고, 내가 하고 싶은 일, 해야 할 일을 하나씩 실천해보자. 자신의 꿈을 빨리 실현하면, 타인의 꿈의 실현도 도울 수 있다. 자신의 꿈이 더디 성취돼도 포기하지 않으면 성취될 날이 반드시 온다. 하늘은 스스로 돕는 자를 돕는다. 현재의 일을 사랑하고 목표를 향한 과정 자체를 즐기다 보면, 어느새 자신의 목표에 도달한 자신을 발견할 날이 온다.

정치가인 벤저민 바버(Benjamin Barber)는 세상에 성공한 사람

[69] 존 맥스웰은 뉴욕 타임즈, 월스트리트저널, 비즈니스위크가 선정한 최고의 베스트셀러 작가로, 미국에서만 2,000만 부가 넘는 책이 판매되었다. 아주사(Azusa)에서 상담학으로 박사 학위를 받은 맥스웰은 태도, 리더십, 영향력에 관한 자기 계발서를 저술한 ‘리더들의 리더’로 알려져 있다. 최고의 리더십 지도자로 리더십 컨설팅 그룹인 인조이(Injoy)와 이큅(Equip)을 설립하고 포춘 지가 선정한 500대 기업의 리더들과 각국 정부 지도자를 대상으로 30년 이상 활발한 강연을 했다.

과 실패한 사람이 있는 것이 아니라, 배우는 사람과 배우지 않는 사람이 있을 뿐이라고 말했다. 다시 말해서, 성공 여부를 결정짓는 기준 자체가 없고, 성장과 배움을 계속하는 사람이 성공할 가능성이 훨씬 높아진다. 성공한 사람은 성공할 때까지 일을 지속하기 때문에 결국 성공한다. 시작을 강조하는 만큼, 음악을 연주하든 그림을 그리든 끝까지 완성하는 일이 훨씬 더 중요하다.

숀 아처(2012:50)는 우리 뇌를 긍정, 창조, 탄력, 효율이라는 방향으로 지속적으로 개발하면, 뇌는 무한대로 성장할 잠재력이 있다고 말한다. 우리 뇌는 일평생 더 멋진 자신이 되려는 자기실현과 성장을 구체화할 수 있다. 매일 1% 혹은 2% 자신의 변화를 위한 목표를 세우고 꾸준히 실천하다 보면 우린 어느새 더 발달한 두뇌를 만나게 되고, 학업, 재력, 직업과 같이 자신이 선정한 목표에 도달하게 된다.

6.2.3. 팬덤 아미와의 수평적 소통

BTS는 자신의 연소함을 무시할 수 없을 만큼 초대형 스타로 급부상했지만, 여전히 진정한 사랑이 궁금한 순수한 청년들이다. 연애의 질서와 밀당을 모르는 그저 사랑하는 사람을 지키는 것으로 충분한 청년이다. 그들은 살아가는 이유가 사랑이고, 사랑을 위해 노래하는 로맨티스트이다. BTS는 사랑과 평화를 소중히 여기는 사람들이 살기 좋은 세상을 만들기 위해 노래한다. 시대의 아픔, 자신과의 소통, 창작의 고통을 음악으로 승화시키며,

미화도 거짓도 없는 열정적인 사랑둥이, BTS의 음악과 팬덤 사랑은 순수하고 조건이 없다.

김남국(2018:175)은 현장 공연과 녹화를 통해 재생되는 온라인 영상의 특징을 경계형과 무경계형 미디어로 나누어 설명했다. 경계형 미디어는 전문가의 지도로 현장에서 1회성으로 소수에게 공연되는 실제 공연 혹은 연출을 의미한다. 경계형 미디어는 회사와 같은 유형의 구조물에 직접 방문, 출근, 출석과 같은 형태로 진행되며 제한된 인원을 위한 대면 활동에 해당한다. 이와 달리 무경계형 미디어는 경계형 활동에서의 실황을 SNS에 공유해서 무한정으로 스트리밍할 수 있는 미디어로 누구나 자신들이 원하는 시간에 접속해서 학습과 공연, 예술 작품을 자유롭게 감상할 수 있다.[70]

경계형 미디어는 특정 소수에게만 한정된 대면 서비스로 시공간의 제약을 받지만, 무경계형 미디어는 사용자라면 누구나 원하는 콘텐츠를 자신이 원하는 시간에 비대면으로 즐길 수 있다. 코로나 이후 세대는 교육, 게임, 예배 등이 Zoom을 통한 화상 회의나 유튜브를 통한 비대면으로 전환되었다. 최근에는 경계형 미디어와 무경계형 미디어를 절충한 형태인 새로운 온라인 교육 방식이 도입되었다. '클래스유(ClassU)', '클래스101(Class101)', '패스트 캠퍼스(Fast campus)'처럼 각 분야의

70 김남국(2018:175) 참고.

전문가들의 실생활과 밀접히 관련된 농축된 정보와 지식을 제공하는 절충형 미디어가 활성화되고 있다. 학습자들은 굳이 이동하지 않아도, 절충형 온라인 미디어에서 이용료를 납부하고 자신이 원하는 시간대에 자유롭게 요리, 외국어, 그림, 운동, 꽃꽂이, 자격증 등 다양한 직업 혹은 취미와 연관된 농축된 정보와 지식을 얻을 수 있다.

BTS는 주로 무경계 미디어로 팬들과 소통한다. 누구나 접속만으로 소통할 수 있는 유튜브(Youtube), 트위터(Twitter), 브이라이브(VLive), 웨이보(Weibo), 메타(Meta), 인스타그램(Instagram), 위버스(Weverse), 틱톡(Tiktok) 등에서 사진, 영상, 메시지, 음악, 게임, 무대에서의 에피소드 등 다양한 콘텐츠로 팬들과 소통하고 있다.[71] 멤버들은 브이 앱에서 생일 혹은 공연을 가진 후 케이크나 이벤트를 준비해서 팬들과 파티를 즐긴다. 30분에서 1시간 이상 일정한 시간에 구속되지 않고, 자유롭게 팬들과 대화를 이어간다. 그들은 자신의 일상과 감정 상태를 솔직하게 이야기하고, 저녁 메뉴, 운동, 다이어트 차 같은 평범한 주제들로 팬들과 대화를 나눈다. 먼저, 그리고 편하게 다가와 말을 걸

---

[71] 김남국(2018:200-207) 참고. BTS와 연결될 수 있는 무경계형 미디어로 페이스북, 유튜브, 틱톡, 위버스, 웨이보 등이 있으며 다음 링크를 통해 BTS와 연결될 수 있다.
빅히트엔터테인먼트 https://ibighit.com/bts
페이스북 https://www.facebook.com/bangtan.official
유튜브 https://www.youtube.com/user/BANGTANTV
틱톡 https://www.tiktok.com/@bts_official_bighit
위버스 https://weverse.onelink.me/qt3S/948081
웨이보 https://www.weibo.com/BTSmembers

고, 관심과 사랑을 보여주며 팬들의 안부를 묻고 감사의 마음을 잃지 않는 것, 이것이 바로 BTS의 소통방식이다.

6.3. BTS의 세상 - 소우주(Mikrokomos)

BTS는 주목받지 못했던 무명 시절을 경험했기에 가난과 어려움에 처한 약자의 마음을 이해한다. 제이홉의 솔로 앨범에 수록된 〈What if〉는 꿈과 경제력이 없는 사람이 만약 자신이라면 어떨까라고 자문하며, 신분과 빈부의 차이로 각종 불평등을 경험하는 사람들을 변호하는 발언을 메탈풍의 음악으로 쏟아냈다. 돈, 아파트, 음식, 자동차 등 어떤 소유도 없는 사람의 입장을 생각하며 만약 그렇다면(What if)라는 물음을 반복한다. 어려운 시기를 거쳐 성공을 이룬 자신은 현재 풍요로운 처지에 있지만, 꿈도 비전도 없이 가난과 빈곤을 경험하는 약자와 소수자를 위한 역지사지적 질문으로 소수자를 변호하고 있다.

BTS는 이미 세계적인 보이그룹이라는 명성을 얻고 있지만, 그들은 여전히 데뷔 당시의 순수한 초심을 잃지 않고 있다. BTS는 〈소우주(Mikrokomos)〉에서 지구촌 동시대를 살아가는 77억의 인구는 모두가 평등하며, 자신의 역사와 존재 이유가 있는 소중한 사람들이며, 각자의 별빛을 내는 우주적 존재라는 사실을 강조한다.

〈퍼미션투댄스〉를 통해 BTS는 음악이 청각을 가진 사람들만의 전유물이라는 편견을 깨뜨렸다. 음악은 청각자만의 선물이 아니며, 장애를 지닌 사람도 즐길 수 있다는 새로운 시각을 제시했다. BTS의 〈퍼미션투댄스〉는 코로나 이후 답답한 일상에 불만을 토로하던 우리들에게 일상이 늘 불편한 사람들을 상기시켜 주었다. 젊은 아이돌 가수의 노래에 담긴 메시지는 우리를 겸허하게 만들었다. 마스크를 벗음은 팬데믹 이전의 일상의 회복과 장애에 대한 편견의 마스크를 벗는다는 두 가지 함의를 상정한다. 차별이 없이 모두가 공평하게 살아가는 평화로운 세상의 도래를 의미한다. 이처럼 BTS는 전 세계 청각 장애인들과도 음악으로 소통하고 즐길 수 있는 문을 활짝 열었다. 세계 보건 기구(WHO)의 8대 사무총장인 테워드로스 아드하놈 거브러여수스(ቴዎድሮስ አድሓኖም ገብረኢየሱስ, Tedros Adhanom Ghebreysus)는 BTS가 〈퍼미션투댄스〉를 통해, 전 세계 청각 장애인 15억 명이 음악을 즐길 수 있는 길을 열었다며 감사의 마음을 전했다. 수어 챌린지에 많은 사람들이 참여하면서, 장애에 대한 편견을 깨뜨리는 계기를 마련했다.[72]

사회적 기업인 ㈜리하베스트(Re:harvest)를 경영하는 민명준 대표는 캘리포니아 출신의 재미 교포 3세이다. 민 대표는 미국에서 대학을 졸업하고, 바이오 텍(Bio tech)회사에 다니기도 했다.

---

[72] YTN 자막뉴스 BTS의 특별한 '브이', 전 세계가 이 춤에 주목하는 이유, 2021년 7월 17일 https://fb.watch/6QH-mGjDTf/참고.

그는 서울대학교에서 글로벌 MBA 과정을 이수하고 컨설팅 회사에 취직하며 한국에 정착했다. 다니던 직장을 그만두고 사업을 구상하다가, 미국에서 요리사로 활동한 여동생과 함께 한국에서 사업을 시작했다. 그는 맥주 식혜를 만드는 과정에서 버려지는 보리를 포함한 8가지의 식재료를 업사이클링(Upcycling)해서 밀가루처럼 활용할 수 있는 리너지(renergy) 가루를 만들었다. 리너지 가루는 밀가루와 비교해서 칼로리는 30% 낮고 단백질은 2배, 식이섬유는 21배가 많다. 리너지란 'Re'와 'Energy'를 합성한 단어로, 음식물 재료를 업사이클링 방식으로 재생산한 재료를 말한다. 그는 한국에서 버리는 식재료의 55%가 제조 공정에서 발생한다는 사실을 알게 되었다. 한국에서 연간 36만 톤의 맥주와 식혜의 부산물이 발생한다. 36만 톤의 부산물은 한국 국민 모두에게 21개의 빵과 57그릇의 국수를 제공할 수 있는 양이다. 부산물의 20-30%는 동물의 사료나 퇴비로 활용되고, 나머지는 환경 부담금을 내며 버려지고 있었다. 민 대표는 OB 맥주와 단독 계약을 맺고 부산물을 무상으로 제공받았다. 그리고 마침내 맥주 제조 과정에서 생기는 부산물로 리너지 바를 생산하는 데 성공했다.

그는 미국에서 태어나 동양인으로 살았던 경험을 기억하며, 소외 계층인 장애인을 직원으로 채용하고 그들에게 리너지 바의 포장과 스티커 작업을 맡겼다. 비장애인을 고용하라는 주변의 충고가 있었지만, 그는 굳건히 장애인들의 사회 참여와 정상화

(normalization)를 위한 경영 원칙을 고수하고 있다.

리하베스트는 리너지 바의 개발로 2019년 경기 업사이클링 공모전에서 대상을 받았다. 열량은 낮추고 영양가는 높인 리너지 가루는 파스타, 빵 등의 다양한 상품으로 개발될 것으로 기대된다. 리하베스트는 푸드 업사이클링 기술과 사업, 환경보호를 위한 선순환 기업으로 평가를 받아서, 2021년 아시아 최대 규모의 식품 컨퍼런스인 '퓨처 푸드 아시아(Future Food Asia:FFA)에서 타이 와 상(Thai Wah Award)을 수상했다. 민명준 대표처럼 장애인을 직원으로 고용하고, 친환경 리사이클을 실행하는 기업가들은 사회적 약자의 삶의 정상화를 돕고, 환경보호를 주도하며 기업의 사회적 책임을 실천하는 생활 밀착형 영웅이라고 말할 수 있다.

BTS는 인종, 국적, 피부색으로 인한 차별, 불평등이 없는 평화로운 사회를 꿈꾼다. 너무나 이상적이지만 그러한 이상을 현실로 만드는 일에 주저하지 않는다. 소수와 약자, 어린이, 동물을 사랑하고 그들을 보호하는 공감과 사랑의 가치를 추구한다. 다양한 문화와 기호를 가진 사람들이 평화롭게 공존하는 〈소우주(Mikrokosmos)〉, 바로 BTS가 꿈꾸는 세상이다.

6.4. 차별과 한계가 없는 꿈의 실현

아미(ARMY)가 되는 데는 사실 특별한 조건이 없다. 아미의 자격은 국적, 성별, 피부색, 학력, 빈부 어떤 조건도 없다. 굳이 공식적인 형식을 갖추고 싶다면, 위버스에서 연회비를 내고 아미 멤버십에 가입하면 된다. BTS의 음악을 사랑하고 BTS를 따르는 아미는 반드시 BTS의 대면 콘서트나 온라인 콘서트를 관람하고 뮤직비디오를 제한 시간 이상 볼 필요도 없다. 아미로 살아가는 것은 팬카페 활동을 하고 공연을 관람하는 팬덤으로서의 활동만을 의미하진 않는다. BTS로 산다는 것, 그리고 아미로 산다는 것은 좀 더 사회적이고 미래 지향적인 의미가 있다. 다음 일곱 가지 조건들이 충족된 상태 혹은 과정에서 본격적인 아미의 삶을 즐길 수 있다.

첫째, 세상에 유일무이한 자기 자신을 사랑할 것.

둘째, 자신의 분야에서 자신의 목소리를 내고 끊임없이 도전할 것.

셋째, 자기 성장을 지속할 것.

넷째, BTS의 음악 세계를 이해하고 세계 시민으로서 시대의 위협을 막아내는 데 동참할 것.

다섯째, 자신과 BTS를 지켜낼 사회적 영향력을 가질 것.

여섯째, BTS 콘서트를 누릴 경제적 시간적 여유를 갖춰나갈 것.

일곱째, 바른 인성, 그리고 정의감과 진정한 사랑의 마음을 잃지 말 것.

위 조건들은 BTS가 전달하는 음악에 포함된 메시지이며 아미들이 인생에서 이미 이뤘거나 앞으로 이뤄야 할 조건들이다. 나의 부모 세대는 교육을 중시하였다. 냉전의 종식과 평화로운 시대의 도래로 자녀의 미래가 가정의 미래이고, 또 국가의 장래와 깊이 연관되기 때문이었다. 교육(敎育)은 그저 학교 성적이 높고 우수한 것만을 의미하지는 않는다. 진정한 교육은 학생의 재능과 인권을 존중하고, 균등한 기회가 보장되는 분위기에서 사회인의 다양한 역할을 체험하는 과정에서 자신의 길을 선택하는 데서 출발한다. 자녀가 사회 구성원으로서 독립할 때까지, 자신의 생활 리듬을 알고 좋아하는 분야에 대한 전문 지식과 자격을 갖추고 성숙한 인격을 갖추도록 돕는 것이다.

나에게도 한동안 학문을 사랑하고, 캠퍼스에서 사색과 독서를 즐기며 인문학적 소양과 언어의 형식과 의미를 연구하던 시간이 있었다. 학교는 미래 사회를 이끌어갈 다양한 성향의 미래 세대가 성장하는 사회의 축소판이다. 사회를 구성하는 다양한 직업과 역할을 준비하며 학생들은 인성과 관계 속에서의 자신의 역할을 학습하게 된다. 학생도 인격체로서 인권과 다양한 기호와 재능을 인정받을 권리가 있다. 학생 자신이 우선 학교에서 우수하다고 평가하는 성적에만 지나치게 연연할 필요는 없다. 사회에는 음악, 예술, 무용, 운동, 정치, 경제, 과학, 건축, 요리, 언어, 행정, 교육, 동물, 연구직 등 사회 구성원으로 살아갈 다양한 지능과 직업이 존재하기 때문이다.

사람들의 꿈과 기호는 자신의 얼굴만큼이나 다양하다. 창조주가 자신에게 어떤 꿈의 DNA를 주셨는가를 일찍 발견할수록, 건강한 자존감을 소유한 사람으로 성장을 지속할 수 있다. 성공은 일의 시작과 더불어 가속화된다. 꼭 해보고 싶은 일이라면 나이에 상관없이 시도해보자. 특히 음악적 재능과 방송계 활동은 연령이 낮을수록 경험치를 쌓을 기회와 시간적 여유가 있다.

2022년 4월 3일 라스베이거스에서 열린 그래미 시상식에서 BTS의 〈버터〉 공연이 있었다. 하늘에서 와이어를 타고 내려온 정국, 곧이어 카메라가 뷔와 아리따운 한 소녀를 클로즈업하며 관중과 시청자들의 시선이 집중됐다. 뷔가 소녀에게 귓속말을 속삭이고, 카드를 정국에게 날린다. 아리따운 소녀의 이름은 바로 올리비아 로드리거(Olivia Rodrigo)이다.

올리비아 로드리거는 2003년생으로 19살인 미국 배우 겸 팝가수다. 미국인 어머니와 필리핀계 미국인 아버지 사이에서 출생했다. 올리비아는 5살에 노래를 시작해서 9살에 피아노를 배우고, 노래 가사를 적기 시작했다. 그녀는 12살 때 영화 'Grace stirs up Success'에 배우로 데뷔해서 영화 '하이스쿨 뮤지컬'에 출연하기도 했다. 2020년 1월 8일 처음으로 발표한 싱글곡 〈Driver's License〉가 스포티파이(Spotify)와 빌보드 핫100차트, UK 싱글 차트에서 1위를 차지했다. 발매 단 이틀 만에 엄청난 스트리밍 수를 자랑했다. 첫 앨범 《Sour》가 발매된 후 〈happier〉, 〈Driver's License〉, 〈All I want〉 등 수록곡 전곡이 빌보드 30위 안에 들었고, 데자뷰(Deja vu), 〈good4U〉가 차트 상위를 차지했다. 그녀는 2021년 7월 바이든 미국 대통령과 함께 청소년 코비드19 접종 홍보대사로 활동해서 청소년들의 감염 예방을 위한 접종을 권유하기도 했다. 그녀는 2022년 그래미 어워드에서 7개 부문에서 수상 후보에 올라서, 베스트 팝 보컬 앨범(Best pop vocal Album), 베스트 팝 솔로 퍼포먼스(Best Pop solo Performance), 최고의 신인상(Best New Artist)까지 단번에 모두 3개의 상을 수상했다.[73]

2022년 7월 수학의 노벨상이라 불리는 필즈상(Fields Medal)을 한국인 허준이 교수가 받았다. 자유로운 분위기 속에서 학자의 길에 정진한 학자의 학문적 성과에 많은 사람들이 축하와 응원의 박수를 보냈다. 필즈상은 40세 미만인 학자가 받을 수 있는 상으로, 허 교수는 올해 39세의 나이로 수상의 영광을 안았다. 학자와 연구자의 길을 가는 사람들은 해당 학교의 석사와 박사 과정에서 요구하는 논문, 논문자격시험, 영어성적, 이수학점 등 각 과정의 필수 자격을 미리 확인해야 단기간에 박사학위를 취

[73] 구글 위키 백과 '올리비아 로드리거(Olivia Rodrigo)' 참고.

득할 수 있다. 물론 공부에 전념하기 위해 학위 과정 중 필요한 경제력을 미리 마련해야한다. 박사학위는 학자로서의 면허증일 뿐이어서, 학위 과정이나 취득 후에도 반드시 학교나 연구기관에 고용이 되어야 더 안정적으로 학문에 전념할 수 있다.

올리비아 로드리거와 허준이 교수처럼 자신의 길을 일찍 발견한 사람들이 성공한 실례를 통해 알 수 있듯이, 자신의 길에 들어선 시간이 빠를수록 성공으로 가는 과정을 단축할 수 있다. 꿈을 꾸는 데는 나이 제한이 없다는 말은 보통 만학도나 장년기에 들어선 사람들이 무언가를 새롭게 도전할 때 사용되는 말이었다. 하지만 어린이나 청소년들이 자신의 길을 선택할 때도 자유롭게 기회를 제공해야 한다. 연령, 출신, 상황에 상관없이 꿈을 꾸고 도전하는 일에서도 차별하면 안 된다.

6.5. BTS와 유엔 연설

BTS는 2018년부터 2021년 9월까지 모두 세 차례의 유엔 총회 연설을 했다. BTS는 전 세계 젊은이의 대표로서, 미래 세대를 이어갈 청년 그리고 어린 세대들에게 인종, 성별, 국적과 상관없이 자신을 사랑하고, 자신의 의견을 주장하라고 연설한다. 누구도 예상치 못한 코로나 상황에서도 그들은 끊임없이 성장하는 세대를 응원하고 희망을 갖자고 당부했다.

첫 번째 유엔 연설은 2018년 9월 24일 미국 뉴욕 유엔 본부에서 있었다. BTS는 유엔아동기금의 청년 대표로 '무제한 세대(Unlimited generation)'에 참석했다. 리더인 알엠이 영어로 연설을 하는 동안, 검은색 슈트를 입은 멤버들이 마치 수호신처럼 알엠을 엄호하고 둘러 서 있었다. 알엠은 자신의 이름은 '김남준'이며 경기도 일산에서 태어났다고 소개했다. 어린 시절 그의 꿈은 음악을 통해 전 세계를 좋은 세상으로 만드는 영웅이 되는 것이었다. 타인의 틀에 자신을 가둬버린 유년기의 기억, BTS로 활동하며 타인의 평가에 절망하던 시련을 극복하고, 자신들의 성장을 믿어준 팬들의 응원과 사랑으로 버텨낸 경험을 나눴다. 그리고 이 세대의 청소년과 젊은이들에게 자기 정체성 확립과 자기 사랑 캠페인(Love myself campaign)을 선포했다. 또한 BTS는 젊은이들에게 온전히 자신의 의견을 담은 목소리로 세상에 당당히 말하라(Speak yourself)는 강력한 메시지를 전했다.[74]

두 번째 유엔 연설은 코로나 상황으로, 한국에서 촬영한 멤버들의 영상으로만 전달되었다. 2020년 BTS의 제 75차 유엔 총회(United Nations General Assembly) 연설 내용은 코로나시기를 경험한 멤버들의 솔직한 심경이었다. 알엠의 영어 연설 후, BTS 멤버들의 한국어 화상 연설이 이어졌다. 멤버들은 코로나 상황에서 베개와 탁자가 있는 좁은 방에 갇힌 자신들도 답답한

---

[74] 2018년 BTS의 최초의 유엔연설 장면은 https://youtu.be/8VWSIoQfFWk에서 확인할 수 있다.

일상을 보내고 있지만, 팬들을 만날 날을 간절히 기다린다고 말했다. 팬데믹 상황에서 악기와 스마트폰, 팬덤과 소통하며 일상을 견뎌온 시간을 솔직히 이야기해주었다. 코로나시기에 발표한 앨범 《Be》에서도 여전히 삶은 계속되니 작은 방을 벗어나서 자유로운 일상을 되찾을 때까지 희망을 갖자는 위로의 메시지를 전달했다.[75]

세 번째 유엔 연설은 2021년 유엔 총회의장에서 문재인 대통령의 연설과 BTS의 연설, 그리고 〈퍼미션투댄스〉 공연이 진행되었다. BTS는 2021년 9월 21일 문재인 대통령과 함께 유엔에서 76번째 총회 연설에 참여했다. 안토니우 구테흐스(Antonio Manuel de Oliveira Guterres) 유엔 사무총장의 개회사로 총회가 개최되었다. 문재인 대통령은 코로나와 기후 위기, 그리고 환경위기를 예방하고 대비하기 위한 유엔 국가들의 협력을 당부했다. 문재인 대통령은 연설에서 지속 가능한 개발 목표의 실현(Sustainable Development Goals:SDGs)을 위해 개도국의 발전과 기술 공유를 약속했다.

문 대통령의 연설 직후, MZ세대 젊은이의 리더인 BTS가 등장하고 코로나시기를 지나는 자신들의 진심을 차분히 전했다. BTS는 젊은이들의 새로운 배움과 노력을 응원하며 힘든 시기이지만 현재의 시간을 잘 견뎌내자는 응원의 메시지를 전했다. 코로

---

[75] 2020년 코로나 상황에 온라인으로 방송된 BTS의 유엔 총회 연설 장면은 https://youtu.be/5aPe9Uy10n4에서 공감할 수 있다.

나 팬데믹이 진행된 2년 동안 BTS 멤버들도 달라진 일상을 보냈지만, 여유로운 일상 속에서 그동안 잊고 지냈던 자신을 돌아보는 시간을 가졌다고 고백했다.

2021년 유엔 연설의 주제는 '청춘(Youth), 그리고 당신의 이야기'였다.[76] 알엠은 해외 공연과 바쁜 스케쥴이 없는 팬데믹 상황에서 강제로 주어진 시간의 여유를 즐기며 그동안 소홀했던 독서와 운동을 했다. 알엠은 '그렇게 살아간다(Cest la vie)'라는 친필 메시지의 인사 글을 남겼다. 슈가는 자신도 몰랐던 나, 나를 알아간 시간, 나를 발견한 시간이라는 메시지를 전했다. 지금(只今)이라는 시간을 어떻게 사용하느냐에 따라 시간의 가치가 달라진다. 지민은 온라인으로 자기 계발과 미래를 준비하는 한국의 청춘들을 언급했다. 멤버들은 각자 코로나라는 긴 터널을 통과중이지만, 우리는 일상을 잃어버린 세대가 아니라 새로운 일상을 수용하고 환영할 세대라며 현재의 중요성과 희망적 태도를 강조했다.

코로나 팬데믹이 가져온 일상의 충격은 사람들의 일상을 송두리째 뒤흔들었다. 모임과 이동이 줄어든 세상 속에서도 여전히 사회에 공헌하기 위해 헌신한 젊은이들이 많았다. 멤버들은 현세대가 코로나로 일상을 잃어버린 'Lost generation'이 아니라, 새롭게 변화된 시대를 환영하는 'Welcome generation'이라고

[76] 2021년 대한민국 대통령 특사로 참여한 BTS의 유엔 SDG 모멘트 연설과 〈퍼미션투댄스〉 공연은 유튜브 https://youtu.be/q-tzxymgN04에서 볼 수 있다.

선언했다. 변화된 일상에 당황하기보단 새로운 일상에 적응하며 현재에 충실하고 긍정적으로 미래를 준비하자는 메시지를 전했다. BTS는 '청춘(Youth)'을 주제로 여전히 꿈을 꾸고 현재를 충실히 가꾸는 젊은이들에 대한 기대감을 전달했다. 쇠렌 키르케고르(S ø ren Aabye Kierkegaard)는 사람을 죽음에 이르게 하는 병은 불치병이 아니라, 바로 꿈도 희망도 없는 절망감에서 헤어 나오지 못하는 상태라고 말했다. BTS의 연설은 어려운 시대를 함께 견디고 있는 사람들에게 희망과 용기를 북돋워주기에 충분했다. 연설 후 BTS의 〈Permission to dance〉 공연이 회의장과 야외에서 진행되었다. 마스크를 벗고 수많은 댄서들과의 야외 공연이 연출되며, 그동안 갇혀 있었던 우리들의 마음에 해방감을 안겨주었다. 푸른 하늘을 향해 보라색 풍선이 회의장 하늘을 유유히 날아오르듯, 우리들의 일상도 그렇게 차츰 회복될 것이다.

7

BTS와 우리 시대 영웅들
BTS와 우리 시대 영웅들

BTS와 우리 시대 영웅들

BTS와 우리 시대 영웅들
BTS와 우리 시대 영웅들

7.1. 독일의 재통일을 앞당긴 데이비드 보위
7.2. 환경과 기후, 그리고 평등한 인류
7.3. 업사이클링 슈트를 입은 BTS
7.4. 온오프 그리고 메타버스
7.5. 다양한 문화의 공존과 협력
7.6. 영원히 기억될 우리 시대 영웅

● ● ●

7.1. 독일의 재통일을 앞당긴 데이비드 보위

독일은 히틀러의 패망 후 1945년 동독과 서독으로 분리되었다. 1989년 동독에서는 소련과 동유럽의 개방과 국경을 넘는 여행 자유화를 위한 출국 규제 완화에 대한 법령이 논의되던 중이었다. 휴가 후 바로 기자회견을 갖던 대변인 권터 샤보프스키(Günter Schabowski)가 베를린 장벽을 포함한 모든 국경 출입소의 자유로운 통행이 '즉시, 지체 없이 (Sofort, unverzüglich)' 허가된다고 대답해버렸다. 발표를 기점으로 동서독의 주민들은 국경의 개방을 요구하며 장벽을 부수기 시작했고, 경비대가 더 이상 통제할 수 없는 상황에서 베를린 장벽을 개방했다. 베를린 장벽의 개방 소식이 이탈리아, 소련, 프랑스 등 주변 국가로 퍼져나갔다. 1990년 8월 31일 양국의 서명이 성사되었고, 9월 12일 미국, 영국, 소련, 프랑스의 승인을 받아서 베를린의 주권을 되찾았다.

독일이 재통일[77]되기 2년 전, 독일 통일의 씨앗을 베를린에 뿌린 가수가 있었다. 그는 바로 대중음악의 피카소라 불리는 데이비드 보위(David Bowie)이다. 보위는 20세기 가장 영향력 있는 팝 가수로, 롤링 스톤지에서 선정한 가장 위대한 음악에 오를 만큼 실력을 인정받았다. 영국 출신의 보위는 베를린으로 이사한 후, 베를린 장벽 앞에서 키스하는 두 연인의 모습을 보며 1977년 앨범 《Heroes》를 만들었다. 〈Heroes〉는 보위가 만든 노래로, '우리는 왕과 여왕이 되어 하루 만에 벽을 무너뜨리고 영웅이 될 수 있다(I will be king and you will be queen, we can beat them just for one day, we can be Heroes just for one day)'는 가사로 시작한다. 〈Heroes〉는 장벽을 사이에 두고 자유롭게 소통하지 못하는 답답한 분단의 현실을 노래하며 자유와 사랑을 갈망하는 소망을 담아냈다. 드디어 1987년 6월 7일 서베를린 장벽 앞에서 베를린을 위한 콘서트(Concert for Berlin) 공연이 기획되고, 보위의 〈Heroes〉가 서베를린 장벽 앞에서 울려 퍼졌다. 보위의 공연이 진행되자, 동베를린 주민들이 〈Heroes〉를 따라 부르는 소리가 들렸다. 동독 주민들이 〈Heroes〉를 함께 부르는 노래 소리에 감동한 보위는 "장벽 반대편의 친구들에게도 행운

---

[77] 1890년대 철혈 재상이라고 불리는 오토 비스마르크(Otto von Bismark)의 통일과 구분해서, 1990년대 민중의 요구와 주변국의 동의로 이뤄진 베를린 장벽 붕괴와 주변국의 동의로 이뤄진 통일을 독일의 재통일로 부른다.

을 빈다"라는 말을 남겼다. 공연을 계기로 동베를린의 자유와 해방을 향한 염원이 불일 듯 일어났고, 동서독의 주민들은 분단을 넘어서기 위해 장벽을 스스로 무너뜨리기 시작했다.

보위의 공연 후 2년 뒤, 1989년 11월 9일 독일은 재통일된다. 이념에 의해 분단되었던 독일시민들에게 보위의 〈Heroes〉는 자유와 사랑을 향한 열정을 자극했다. 이념을 넘어 자유로운 여행과 소통을 바라는 염원으로 베를린의 주민들이 스스로 장벽을 무너뜨리고 독일은 마침내 하나의 나라로 통일됐다. 2016년 독일 정부의 스타인마이어(Frank Walter Steinmeier) 총리는 트위터에 "데이비드 보위, 당신은 우리에겐 영웅이다. 베를린 장벽을 무너뜨리는 데 도움을 주어서 고맙다"(You are hero among us now. Thank you for helping bring down the wall)는 헌사를 남겼다.[78]

보위의 일화는 음악이 사람들을 감동시킬 뿐만 아니라, 국가의 역사를 바꿀 만큼의 강력한 파워가 있음을 보여주는 선례이다. 모두가 진정으로 자유와 평화를 갈망한다면 마침내 다투지 않고 함께 승리하는 방법을 모색할 수 있을 것이다.

스티븐 핑커(2014:974)는 《The better angel of our nature: 우리 본성의 선한 천사》에서 인간의 본성에는 빼앗고 살인하는 악한 본성이 있지만, 연민, 공정성, 자기 통제, 이성과 같은 선

---

[78] 김귀수 기자, 특파원 리포트 https://news.kbs.co.kr/news/view.do?ncd=5368415 참고

한 본성들이 악한 본성을 통제하며 역사가 진보했다고 설명한다. 인류 본성의 공감(sympathy), 연민(compassion)과 같은 역지사지(易地思之)와 박애(博愛) 정신은 타인을 살인하고 빼앗으려는 악한 본성을 억눌렀다. 만약 빼앗기고 죽는 대상이 자신 혹은 가족과 사랑하는 사람이라면, 살인과 갈취, 폭력을 대상에게 가할 수 없을 것이다. 공격을 받는 대상을 자신과 동일시하는 공감과 연민의 정서가 역사를 더 평화롭게 유도하고 있다.

전쟁은 이성이 정지된 상태에서 승전이라는 목적을 위해 지속되는 잔인한 학살이다. 핑커는 또한 역사적으로 전쟁이 감수한 이유를 전쟁 배상금과 온화한 상업 덕분이라고 부연했다. 다시 말해서 전쟁을 일으킨 침략국과 그 후손에게 엄청난 전쟁 배상금을 지불하도록 의무화하면서, 타국을 침략하는 일이 감소하게 되었다는 것이다. 전쟁 배상금은 당대 뿐 아니라, 자국의 후손들에게는 엄청난 부담이다. 또한 상대국의 소유와 국토를 침략해서 강탈하는 대신에 재화와 자원을 거래하는 온화한 상업의 발달로 전쟁이 감소했다고 설명했다. 즉 파괴하고 다투는 자원과 무기에 투자하는 대신, 상대방이 필요한 상품을 공급하는 방식의 상업적 거래가 오히려 전쟁을 감소시킨 원인이었다. 양국간의 무역과 거래관계가 형성되면, 상대국은 서로의 필요를 공급하는 판매처와 소중한 고객이 된다. 함께 상생하고 평화로운 세상으로 가는 첩경 가운데 하나가 될 것이다. 강력한 무기는 공격용이 아니라 힘의 균형과 평화를 위해, 그리고 침략국의 공격을 저지하고 자국을 수호하기 위한 최후의 보루(堡壘)로만 사용되어야 한다.

한국은 여전히 세계 유일의 분단국가라는 상흔을 품고 있다. 한 민족인 남한과 북한이 서로 역사의 철조망을 거둬내고, 분단의 벽을 무너뜨리려는 열망이 합쳐질 때 통일 한국의 시대는 앞당겨질 것이다. 단 하루면 되는 역사적 통일이 속히 오길 간절히 염원한다. 분단의 문제를 해결하기 위해 통독의 과정이 우리에게 선견지명을 준다. 싸움은 인간의 이성을 마비시키고, 인간의 성품을 사납게 만들어 정신적 패닉 상태에 빠뜨린다. 드라마 '오징어게임'의 대사처럼, 이러다 다 죽을 수는 없지 않은가? 모두 다 살리는 방법을 모색하더라도 인생은 한계가 있음을 인정하는 인문학적 소양이 필요하다. 전쟁이 아닌 사랑과 음악, 그리고 시민들의 자발적인 염원으로 분단의 장벽을 무너뜨린 독일의 선례가 한국에도 적용될 날이 오기를 기대해본다. 싸움 없이 함께 상생과 평화를 이루는 일, 통일된 한국을 선도할 예술가, 그리고 자신의 분야에서 상생과 호혜의 원칙을 지키며 역사의 선한 진보에 동참할 우리 시대 영웅들을 응원한다.

7.2. 환경과 기후, 그리고 평등한 인류

생태학자이자 문화 인류학자인 재러드 다이아몬드(Jared Mason Diamond) 교수는 1998년 발간한 저서 『총균쇠』에서 인류를 위협할 위기로 전쟁, 세균, 교통사고와 같은 문명과 무기의 발달로 인한 위험을 예측했었다. 『총균쇠』는 한국에서도 베스트셀러로 기록될 만큼 지성인들 사이에서 유행하고 회자되는 책이었다. 그의 예측대로, 총기 사건, 교통사고와 신종 세균의 전파로 희생자가 발생했다. 2000년대 들어 사스, 메르스, 코로나와 같은 신종 바이러스의 전파는 인류의 일상과 이동을 급격히 제한하고 산업의 전면적인 변화를 유도하고 있다. 코로나를 계기로 인류는 여전히 세균의 위협에 노출되어있고, 자국의 힘만으로는 세균과의 싸움에서 승리할 수 없음을 확인했다. 인류는 언제 발생할지 모르는 신종 세균과의 싸움에 함께 내처할 운명 공동체라는 사실을 기억해야 한다.

BTS는 2021년 유엔 총회 연설에서 백신 불평등을 언급하며, 경제적 이유로 접종을 받지 못하는 나라에 대한 무상 지원을 언급했다. 우리나라는 실제로 2021년 10월 잔여 백신을 베트남, 미얀마 등에 무상으로 전달했다. 당시 백신 접종은 베트남, 미얀마에 거주하는 한국인뿐만 아니라, 현지인들에게도 무상으로 제공되어 코로나 확산 방지에 도움을 주었다. 유니세프는 2022년 4월 BTS의 유엔 연설 장면을 통해 백신 평등을 위한 기금을 마련하기도 했다. 새로운 세균의 발생은 발생국뿐만 아니라, 발달된 교통수단과 이동을 통해 이웃나라, 그리고 먼 대륙까지 신속하게 전파될 수 있다. 코로나 팬데믹은 이렇듯 세계가 하나의 운명 공동체라는 사실을 확인시켜주었다.

재러드 다이아몬드(Jared Mason Diamond)(2019:475)[79]는 『대변동, 위기, 선택, 변화』에서 인류를 위협할 새로운 위기로 첫째, 기후 변화, 둘째, 환경 문제, 셋째, 자원의 고갈, 넷째, 다양한 방면의 불평등을 지적했다. 인류는 조만간 닥칠 인류의 위기를 함께 해결할 운명 공동체임을 각성하고, 각 분야의 전문가를 중심으로 위기를 함께 막아내는 대책을 마련해야 한다. 학자들의 학문적 연구는 앞서가지만, 산업의 이동은 속도가 느리게 마련이다. 왜냐하면 기존에 투자한 체계를 완전히 새로운 기기로 교체하려면 추가 비용과 노동력이 필요하기 때문이다. 여전히 불확정한 사회이지만, 학자들의 연구를 통해 이미 지적한 위기들을 강 너머 불구경하듯 방관만 할 수는 없다.

첫째, 기후 변화는 탄소와 메탄 배출량의 증가로 파괴된 오존층(O3)을 통해 유입된 자외선이 지구 표면에 직접 도달하면서 생기는 현상이다. 오존층 파괴는 북극과 남극 이하 지역에서는 흘러내린 빙하의 영향으로 극심한 추위를 유도할 수 있다. 미국 빙설데이터센터(National Snow and Ice Data Center: NSIDC)에 따르면, 온난화의 심화로 북극의 빙하 면적이 이미 66% 감소했고, 앞으로 10년 후에는 북극에 빙하가 사라질 것으로 예측했

[79] 1998년 발간한 저서 〈총균쇠〉로 영국 과학 출판 상과 퓰리치상을 수상한 재러드 다이아몬드는 하버드대학에서 인류학과 역사학을 공부하고, 캠브리지 대학에서 생리학과 생물 물리학으로 박사 학위를 취득한 후, 캘리포니아 주립대 의과대학에서 생리학 교수로 재직했다. 라틴어, 독일어, 그리스어, 러시아어, 모국어인 영어까지 수 개 국어를 구사하며, 현재 한국 성균관대 석좌교수로 재직하고 있다.

다. 또한 80년 후인 2100년까지 빙하가 지속적으로 녹아내릴 경우, 해수면이 1.5m가 상승해서 아프리카와 아시아 일부 국가가 침수될 것으로 예측했다. 태평양 연안의 섬들은 국토를 포기하고 이동을 결정했다고 한다.

한 편 중부의 아열대 지방과 열대 지역에서는 오히려 온난화와 가뭄을 심화되고 있다. 실제로 기후 변화는 현 인류의 생활에 영향을 주며, 달라진 기후로 인한 이상 현상이 지구 곳곳에서 확인되고 있다. 한국에서도 이전과 달리 가뭄, 강풍, 이상 고온 혹은 저온 현상이 일어나고, 건조한 날씨와 강풍으로 인해 곳곳에 산불의 위험이 높아지고 있다. 2022년 8월 서울 전역에 폭우가 쏟아져서 도로와 주택이 침수 피해를 당한 일이 발생했다. 인도 지역을 포함한 미국, 영국이 고온 현상과 가뭄으로 농작물 생산에 악영향을 주고 있다. 자연 현상으로 인한 이상 기온과 기후는 인류에게 불가항력적이지만, 기후 변화에 탄소제로운동, 내진 설계, 하수 시설 확충과 같이 인류가 대처할 수 있는 가능한 방법을 강구해서 자연 재해를 최대한 대비해야 한다. 예측 가능한 기후 변화와 재난에 대비할만한 행정과 건설 분야의 실행을 앞당겨야 할 것이다.

둘째, 환경 문제는 인류의 일상생활의 소비 형태와 직접적으로 연관된다. 그러므로 환경문제는 최대 다수의 협력이 가장 큰 효과를 발휘할 수 있다. 인구수의 증가로 발생하는 소비와 한정 자원의 고갈에 대한 대책을 마련해야 한다. 한 사람이 평균적으로 지구에 미치는 영향을 '인간 충격(human impact)'이라고 부른다. 1인당 평균 충격은 한 사람이 소비하는 평균 자원량과 생산하는 평균 폐기물량을 뜻한다. 그렇다면 세계인이 지구에 주는 영향은 자원 소비량과 폐기물량의 합에 인구수를 곱한 값이 된다. 따라서 인류의 인구수와 물자 소비가 증가하면, 지구와 환경에 주는 '인류 충격(mankind impact)'도 당연히 증가하게 된다. 인류 충격의 총량은 인간 충격에 77억 인구수를 곱한 값이기 때문이다.

인류 충격 총량 = (1인당 소비 자원량 + 평균 폐기물량) X 77억 명

내가 중국을 방문했던 2002년 당시 중국의 전통시장은 6시까지만 운영하고 바로 소등이 되었다. 또한 수도세가 비싸서, 가정마다 큰 물통에 물을 받아서 사용하고 매우 절수하는 분위기였다. 수도 물을 마음껏 사용하는 한국적 상황과 너무 달라서 당시에는 문화충격이었지만, 인구가 많은 중국의 상황을 고려하면 쉽게 납득할 수 있다. 아마존(Amazon) 직원들은 이미 재택근무로 전환했고, 일부 미군 부대의 직원들은 주3일 근무제로 전환했다고 한다. 한국도 학교와 기업이 온라인 수업과 화상회의 등으로 많이 전환한 상태이다. 온라인 세상에서의 소통과 메타버스(Metaverse)도 물론 전력을 소비하지만, 아날로그 세상에서 직접 이동하고 대면하는 만큼의 충격을 주지는 않는다. 전 세계적으로 4월 22일은 '지구의 날'이다. 올해도 전 세계적으로 저녁 8

시에 일괄적으로 10분간 소등하는 운동이 추진되었다. 작은 절약의 습관이 매일 반복된다면 에너지를 획기적으로 절약하게 될 것이다.

〈국립 대구과학관의 지구 형상〉

이처럼 인류 충격 지수는 의식주와 관련한 매일의 소비와 직접적으로 연관된다. 인류 충격은 디지털 기기의 활용으로 불필요한 소비를 어느 정도 감소시킬 수 있다. 인류 충격의 최소화는 개인, 기업 그리고 국가와 세계인이 협력할 때 효율을 극대화할 수 있다. 개인은 환경을 생각하는 친환경 식품과 소비를 지향하고, 기업은 친환경 상품을 제공하는 방식으로 사회적 책임을 수행하며 환경 운동에 동참할 수 있다. 정부는 친환경 기업을 육성하고, 친환경 기업들의 세금 감면과 경제적 지원으로 산업의 변화를 유도할 수 있다. 친환경적 선순환 구조에 동참하는 개인, 기업과 국가가 많아질수록 인류가 환경과 기후 변화에 미치는 악영향을 최소화할 수 있다.

셋째, 자원의 고갈 문제를 해결해야 한다. 석탄, 석유와 같은 화석 연료는 한정 자원으로, 기존의 소비 패턴을 그대로 고수한다면 머지않아 고갈될 것이다. 서울은 버스와 지하철 같은 대중교통이 발달해서, 병목 현상이나 교통 체증을 어느 정도 줄일 수 있다. 하지만 팬데믹 이후, 타인과의 접촉을 줄이고 가족과 지인 단위로 이동할 수 있는 자가용의 가치는 더욱 상승했다. 접촉과 감염의 위험을 최소화하기 위해, 자가용이 직장인들의 출근과 나들이의 이동 수단으로 적합했기 때문이다. 만약 자동차가 없었다면, 코로나 시기의 일상은 훨씬 더 답답하고 바이러스의 확산이 가속화되었을 것이다.

우리 가정은 현재 전기 자동차를 사용한다. 충전 시간이 다소 걸리지만 출근과 통학에는 큰 문제가 없다. 장거리 여행 시 충전소 위치를 확인하는 일이 번거롭지만, 공기 오염을 줄일 수 있는 장점이 있다. 통행료는 반값으로 경감했고 차량 유지비는 10분의 1로 줄어들었다. 한정 자원의 소비를 줄이고, 태양력, 풍력, 전기와 수소, 원자력 에너지와 같은 친환경 에너지원을 선택하면, 환경, 인류, 경제성 모두에 유익한 1석 3조의 긍정 효과를 발휘할 수 있다.

넷째, 사회적 불평등을 해결해야 한다. 우리 가운데 자신의 부모나 국적을 선택해서 태어나는 사람은 없다. 우리가 지닌 피부색, 국적, 성별은 자신의 의지와 무관하게 주어지는 선천적인 차이이다. 이민자의 나라로 불리는 미국은 특히 다양한 인종이 섞여

사는 나라이다. 하지만 한국도 유학, 취업, 결혼을 위해 한국에 상주하는 외국인과 탈북민이 동행한 지 오래되었다. 이미 한국도 다양한 인종이 더불어 사는 나라가 되었다. 국적, 성별, 인종과 무관하게 개인의 적성과 실력에 적합한 교육과 기회의 균등이 필요한 시기이다.

구글(Google)의 설립자인 세르게이 브린(Sergey Brin)은 소련 출신이었다. 하지만 세르게이는 미국으로 이민 가서 생활했고, 선배인 미국인 래리 페이지(Lawrence Edward Page)와 함께 구글을 창립해서 세계 제1의 기업으로 성장시켰다. 밥 딜런은 유대인이었지만, 미국에서 팝가수로 활동하며 반전과 반핵 운동에 동참하고 자유와 평화의 세상을 노래했다. 시적인 가사와 음악성을 인정받으면서, 마침내 그래미상을 수상하는 영예를 누렸다. 밥 딜런은 2012년 오바마 대통령에게 자유 훈장을 받았고, 대중음악가수로는 최초로 음악의 문학적 가치를 인정받아서 2016년 노벨문학상을 수상했다. 아돌프 옥스(Adolph S. Ochs)도 유대인 출신으로 미국에서 〈뉴욕타임즈(Newyork Times)〉를 인수해서 균형과 공정성을 강조하는 미국 최대의 일간지로 성장시켰다. 만약 미국이 출신과 국적을 이유로 이방인의 사회활동을 억압하기만 했다면, 미국 사회는 구글과 같은 세계 제 1의 기업 그리고 뉴욕 타임즈와 같은 세계적인 신문사를 소유하지 못했을 것이다. 또한 밥 딜런이 유대인이라는 이유로 팝음악계가 가수의 길을 금지했다면, 대중음악이 문학의 영역으로 인정받아서 최초로 노벨[80]문학상을 수상하는 영예를 얻지는 못했을 것이다.

버락 오바마(Barack Hussein Obama)는 2009년에서 2017년까지 8년간 미국 대통령을 지냈다. 그는 최초의 아프리카계 미국인으로 대통령에 당선된 흑인이었다. 오바마는 하와이에서 출생 후, 어린 시절을 인도네시아에서 지내고 미국에서 학창 시절을 보냈다. 미국에서 지내는 동안 그는 “흑인이라서 안 돼”라는 차별을 당하거나, 운전 중 이유 없이 경찰의 저지를 당하는 수모를 경험하기도 했다. 오바마는 하버드 로스쿨을 졸업하고 인권 변호사로 활동하며 인종에 대한 인식의 고양, 성평등, 양성애자 등 소수 층의 인권을 옹호하고 기회의 균등과 사회 상향 이동을 제시했다. 8년의 재임 기간 중 발생한 인종 갈등 사고를 은혜롭게 해결하고, 소수자의 권리를 옹호하며 불평등을 해소하는 데 앞장 선 공로로 존경을 받는 인물이다. 대통령이 된 오바마는 미국 사회의 인종, 빈부, 총기 소지 등 다양한 문제에 대해 개선할 수 있는 일(What might be)을 실행하고 대책을 마련했다. 그는 굳

---

80 전 세계 과학자들이 수상을 염원하는 노벨상(Nobel Prize)이 제정된 계기를 알고 있을 것이다. 스웨덴 출신의 알프레드 노벨(Alfred Nobel:1833-1896)은 수많은 연구를 거듭한 결과 1866년 마침내 엄청난 폭발력을 자랑하는 다이너마이트(Dynamite)를 개발했다. 노벨은 다이너마이트로 도로를 내고 무너진 탄광을 뚫는 산업용으로 개발했지만, 그의 의도와 달리 사람들이 다이너마이트를 살상 무기로 사용하는 것을 보며 안타까워했다. 노벨은 자신의 다이너마이트 개발이 인류에 공헌하는 것으로 전환되기를 진심으로 바랐다. 그래서 노벨은 자기 유산의 98%를 기부해서, 인류에 공헌할 만한 연구 실적을 남긴 인물에게 매해 노벨상을 수여하기로 결심했다. 노벨상은 화학, 문학, 평화, 물리학, 생리 의학의 분야별로, 우수한 연구 성과로 생명을 살리고 인류의 평화에 공헌할 만한 업적을 달성한 사람에게 12월 11일 수여하고 있다.

이 편견과 선입견을 가진 사람들의 눈을 열어주려고 설득하기 위해 지나치게 애쓰지 말라고 한다. 오히려 자신을 들여다보고, 개인의 자립과 사회 전체의 상향 이동을 위해 지지자들과 함께 동행하라고 말했다.

오바마 정부에서 부통령을 지냈던 조 로비네트 바이든(Joe Robinette Biden) 대통령은 21세라는 젊은 나이에 델라웨어 상원에 당선되어 50년 동안 정치가로 활동하며, 다양한 인생 질곡을 경험한 속 깊은 대통령으로 알려져 있다. 그는 2021년 78세의 나이로 미국 최고령 대통령에 당선되었다. 인생은 마치 퍼즐 조각과 같아서 매일이라는 과정이 자신을 완성하는 한 조각이 된다. 언제 인생의 전성기가 올지는 아무도 모른다. 목표 달성 문제에 있어서는 이성적인 태도가 매우 중요하다. 타인에 의해 거절이나 거부를 당하는 경험은 유쾌하지 않지만, 감정적으로 대처하거나 자신을 평가 절하할 필요는 전혀 없다.

2022년 5월 31일 조 바이든 대통령은 BTS를 백악관에 초대했다. 미국에서 5월은 아시아 하와이 원주민 태평양 제도 주민 유산의 달이다. 아시아와 태평양 출신인 사람은 2억 명으로 미국 인구의 6.1%에 해당한다. 2021년 2월 21일 타임지에 따르면, 안타깝게도 코로나 발생 후, 뉴욕에서 아시아인에 대한 혐오 범죄가 증가했다고 한다. BTS는 백악관의 초청을 받고 AANHPI(Asian American and Native Hawaiian Pacific

Islander)[81]의 마지막 날인 5월 31일 아시아 증오 범죄 근절과 아시안 포용 그리고 다양성에 대한 주제로 차이는 차별의 이유가 아니라는 연설을 했다. BTS는 팬데믹 이후 증가한 아시아인에 대한 증오 범죄를 근절하고, 다른 문화와 언어를 가진 사람들을 포용해야 할 당위성에 대해 연설했다. 차이는 잘못된 것이 아니며, 평등은 열린 마음으로 서로를 존경하고 귀중한 존재로 인정할 때 시작된다.[82]

이민자의 나라로 알려진 미국은 여러 민족과 나인종이 더불어 살아간다. 50개의 자치주마다 법과 제도가 다르게 적용되는 다양성을 보인다. 미국 사회에서 지배층에 진출하지 못한 인종은 아무래도 동양인과 하와이 원주민일 것이다. 또한 미국은 이미 이민자들에게 많은 취업과 열린 태도로 자유로운 활동을 지원해온 나라였다. 역사적으로 주류 사회의 대부분을 차지한 백인들이 흑인을 차별하던 문화가 오바마 대통령의 당선과 더불어 흑인들의 지위를 다소 향상시켰다. 포용적이고 열린 사고를 지닌 사람들이 많아지면, 인종, 국적에 대한 차별적 인식이 사라지고 폭력과 차별을 지양하는 성숙한 사회로 도약할 수 있을 것이다.

바이든 대통령은 BTS와 만난 자리에서, 〈Butter〉를 틀어주며 멤버들에게 웃음과 편안함을 선사했다. 바이든 대통령은 불평등

---

81 미국에서 5월은 AANHPI 아시아 하와이 원주민 태평양 제도 주민 유산의 달이다. 5월에는 미국과 콜로라도에서 아시안계 미국인의 헌신을 기념하는 행사가 있다.

82 BTS의 백악관에서의 연설 내용은 부록에 첨부한다.

과 차별 해소를 촉구하기 위해, 백악관을 방문한 BTS에게 진심어린 감사의 인사를 전했다.

“This is important month in America. A lot of Asian American friends have been subject to discrimination. Hate only hides, when good people talk about it, say how bad it is, it goes down. People care about what you say. It’s not just great talent. It is the message what you’re communicating. It matters. Don’t underestimate you. This is the one president who appreciates you.

(5월은 미국에서 그동안 차별에 굴복해온 아시아계 미국인들에게 매우 중요한 달입니다. 선한 사람들이 차별적 혐오가 얼마나 사악한가를 언급할 때, 증오는 오히려 사라지게 됩니다. 사람들은 BTS의 말에 주목하고 있습니다. 단순히 BTS가 대단한 재능을 지니고 있기 때문만은 아닙니다. 바로 BTS가 전달하는 메시지 때문입니다. 여러분의 메시지가 중요합니다. 여러분 자신을 절대 낮게 평가하지 마십시오. 여기에 BTS에게 감사하는 한 대통령이 있습니다.)

멤버들은 연륜과 진심이 담긴 바이든 대통령의 말에 감동을 받고 오른 손을 심장 위에 얹었다. 알엠은 우리 엄마에게 말씀드리겠다며 감동어린 눈빛으로 바이든 대통령에게 대답했다. 알엠은 증오 범죄에 대한 처벌을 합법화하고, BTS가 백악관에서 발언할 기회를 주신 바이든 대통령과 미국 정부에 감사의 인사를 전했다. 세상에서 자신의 피부색과 부모를 선택해서 태어나는 사람은 없다. 태어나면서 수동적으로 주어진 빈부, 성별, 인종은 차이(difference)일 뿐이지 결코 차별(discrimination)의 근거가 될 수는 없다.

2022년 8월 BTS의 두 번째 갤럭시 Z 플립 광고는 뉴욕 타임 스퀘어의 대형 스크린을 통해 송출되었다. 'Unfold your world(당신의 세상을 펼치라)'라는 메시지로 BTS의 〈Yet to come〉에 맞춰 진행되었다. 인생의 어떤 시점에 있든지 간에 자기 인생의 정점(頂點)과 목표를 향해 전진하기 바란다. 바이든 대통령은 자신이 고령의 나이에 미국 대통령에 당선될 것이라고 상상이나 했을까? BTS도 한국의 아이돌로서 백악관에서 대통령을 만나고, 아시아인을 대표해서 평등에 대해 연설하리라고는 예상하지 못했을 것이다. 저마다 인생의 꽃을 피우는 시기는 다르다. 유년기에 피우는 꽃, 청춘에 피는 꽃, 그리고 노년에 인생 최고의 전성기를 맞이하기도 한다. 자신의 인생은 물론이고, 인종, 성별, 국적, 연령 등을 핑계로 우리가 무시할 수 있는 인생은 아무도 없다.

재러드 다이아몬드가 인류의 다음 위기로 언급한 환경문제, 기후 변화, 천연 자원 부족, 다양한 불평등으로 인한 예측하지 못한 일들이 발생하고 있다. 다양한 위기의 대책을 마련하고, 상생과 평등을 위한 변화의 움직임을 재촉할 시점이다.

7.3. 업사이클링 슈트를 입은 BTS

2021년 9월 20일 제76차 유엔 총회 연설에 참여한 BTS는 코로나 상황이지만, 여전히 미래에 대한 꿈과 희망을 잃지 말기를 당부한다. 전 세계가 지향하는 지속 가능한 개발과 기후 위기와 환경보호를 위한 협력을 당부하고, 환영할 세대라는 희망의 메시지를 전달했다. 백신 접종으로 질병을 예방하고, 경제적 이유로 접종이 어려운 나라를 도와서 코로나를 함께 극복하자고 연설했다.

유엔 총회에 참석한 7명의 멤버들은 평소와 달리 검은색 정장을 차려 입었다. 그들이 착용한 슈트는 재고 의류와 친환경 원단을 활용해서 새 옷을 만드는 업사이클링 브랜드 래코드(RE;CODE)사의 의상이었다. 멤버들이 착용한 슈트는 유엔이 주도하는 지속 가능 개발 목표(Sustainable Development Goals:SDGs) 실현을 위한 유엔 연설 취지를 부각하기 위해 래코드사가 특별히 제작한 의상이었다. 래코드사는 한국 운동복의 대표 기업인 코오롱이 재고 원단이나 엄청난 양의 의류를 새로 제작하는 업사이클링 브랜드이다. 래코드는 코오롱 자체 그룹으로 3년 동안 팔리지 않은 의류를 전시하거나 판매하고 있다. 현재 서울 용산구 이태원과 가톨릭 회관 신관 지하에 업사이클링 의류를 전시하고 있다. 온라인 쇼핑몰과 한남동 매장에서 의류의 제작과 구입이 가능하다. 가톨릭 회관 신관은 환경에 관한 책과 영화를 볼 수 있는 비영리 공간으로 꾸며져 있다.

BTS는 2022년 3월 삼성 갤럭시 포 더 플래넷(Galaxy for the Planet) 광고에 출현했다. 플라스틱이 늘어나는 바다와 환경보호를 위해 상품의 재사용, 플라스틱과 같은 환경 공해 유발 상품의 소비를 줄이는 취지로 “Let's work together for a better future" 라는 단어를 한 장씩 들고 더 나은 미래와 환경보호를 위한 캠페인성 광고에 출현했다.[83] 친환경적 생산과 소비를 장려하는 운동을 전 세계적으로 확산한다면, 우리는 인류 충격을 적정선 이하로 축소할 수 있다. 환경 파괴와 인구 증가로 인한 공멸의 위기를 극복하고 협력과 호혜를 통해 공존하는 세상을 만들어 갈 수 있다.

코로나 발생 후, 국제 노동 기구(International Labour Organization)는 40억 개의 일자리가 사라질 것이라고 예측했다. 유엔국제개발계획(United Nations Development Plan: UNDP)의 코로나 팬데믹 위기 대응을 위한 과제는 코로나 회복과 더불어 차세대 산업 종사자들을 돕는 것이다. 유엔국제개발계획(UNDP)은 2030년까지 전염병의 확산을 예방하고, 지배구조(governance), 사회 보호(socio proteciton), 녹색 경제(green economy), 디지털(digital disruption)의 네 가지 분야에서 미래

[83] 삼성 지구별을 위한 갤럭시(Galaxy For the planet) 광고는 링크 https://youtu.be/9Poo70B4oCM에서 감상할 수 있다.

지향적 산업을 선택하는 결정자와 기업가들을 도울 예정이다.[84]

2015년 세계 지도자들은 공식적으로 지속 가능한 개발 목표(Sustainable development goals:SDGs)로 알려진 17개의 글로벌 목표를 선언했다. 삼성은 유엔개발계획(UNDP)이 진행하는 국제적인 공동 목표를 위해 홍보와 기부에 동참하고 있다. 삼성을 포함한 전 세계 기업과 유엔개발계획은 인류의 더 나은 미래를 위한 정부, 산업, 도시 사회, 대중들이 동참해서 빈곤을 종식시키고, 불평등을 극복하고 기후 위기를 막아내는 목표들에 부합하는 산업의 육성과 기부에 동참하고 있다.

[84] Achim Steiner, 〈An integrated global response is an investment in our future〉https://www.undp.org/coronavirus 참고

	UNDP의 17가지 지속가능개발목표(SDGs)
1	빈곤퇴치(No poverty)
2	기아종식(Zero hunger)
3	건강한 삶과 웰빙(Good health and well being)
4	양질의 교육(Quality education)
5	성평등(Gender equality)
6	맑고 깨끗한 물과 위생(Clean water and sanitation)
7	깨끗하고 저렴한 에너지(Affordable and clean energy)
8	양질의 일과 경제성장(Decent work and economic growth)
9	산업혁신과 인프라 구축(Industry, innovation and infra structure)
10	불평등 완화(Reduced inequalities)
11	지속가능한 도시와 커뮤니티(Sustainable cities and communities)
12	책임감 있는 소비와 생산(Responsible consumption and production)
13	기후변화 대응(Climate Action)
14	깨끗한 바다 만들기(Life below water)
15	육지에서 함께 살아가기(Life on Land)
16	평화롭고 정의롭고 포용적인 제도 구축(Peace, justice and strong institutions)
17	목표를 향한 파트너십(Partnerships for the goals)

코로나 회복과 인류의 위기 예방을 위해, 유엔과 세계 지도자들이 인류의 건강과 안전을 위해 협력하고 있다. 기후 변화에 대한 대응과 환경보호, 그리고 인류 충격을 최소화하는 일은 아름다운 지구별을 지키기 위한 인류 모두의 과제이기 때문이다. 환경 운동에 참여하는 개인이 많을수록, 환경 문제와 기후 위기를 미연에 방지하고 최소화할 수 있다. 최대 다수의 최대 행복을 주장했던 벤담(Bentham)의 공리주의는 환경을 보호하는 다수의 연대를 통해 환경 공리주의로 확대될 수 있다. 환경 운동에 동참하는 사람들이 많을수록, '최대 참여 최대 환경보호'의 효과를 기대할 수 있다. 또한 지속 가능한 개발 목표를 향한 협력과 동행을 통해 인류는 더 안전하고 평화로운 지구를 구축해나갈 것이다.

〈화려한 이미지를 탈피한 오르즈코의 예술 혁명〉

예술은 아름다움과 화려함만을 추구하고, 비싼 재료비를 들여 미감을 자극하는 작품을 만드는 상류층의 전유물이라는 편견을 깨트린 미술가가 있다. 멕시코의 설치 미술가 가브리엘 오로즈코(Gabriel Orozco)가 그 주인공이다.

오르즈코는 사진, 설치, 조각, 드로잉, 회화 등 다양한 작품 세계를 추구하는 예술가이다. 그의 활동가운데 화려하고 재료를 많이 사용하는 미술의 선입견을 깨뜨린 혁명적 작품 세계가 존재한다. 스페인 구겐하임 미술관(Gugenheim museum)에는 오르즈코가 제작한 조금은 특별한 별자리(Asterism)가 전시되어 있다.

그곳에 모인 별자리는 사람들에게 버려진 각종 물건들이 세월과 바다의 풍상을 견디고 마침내 해변 가에 떠밀려온 물건들이다. 그는 모래에서 발견한 물건들로 작품을 완성하기 위해, 많은 작업자들을 해변에 줄지어 세운다. 작업자들은 해변의 쓰레기와 파도에 떠밀려온 수많은 사연이 담긴 물건들을 한 자리에 모아둔다. 오르즈코는 물건들을 종류와 모양대로 배열해서 새로운 작품을 만든다. 그는 드넓은 바다를 건너 해변에 도착한 물건들을 별자리로 재배치해서 마침내 예술의 경지로 승화시켰다.

해변가 모래 위에 투명한 유리병이 덩그마니 놓여 있다. 유리병 속에는 곱게 손 글씨로 눌러 쓴 일본어 메모가 적혀있다. 오르즈코에게 사랑하는 연인에게 닿기를 바라는 편지가 담긴 유리병은 그 자체로 예술적인 영감을 주는 유일한 작품이었다. 연인에 대한 애절한 사랑이 담긴 유리병은 한 사람의 인생과 존재 이유 자체이기 때문이다. 오로즈코의 별자리는 질풍노도의 풍파 속에서도 끝끝내 견뎌온 끈질긴 인생을 은유한다. 그의 작품 활동은 해변을 깨끗하게 하는 동시에, 버려진 물건을 예술로 승화시키는 예술세계의 새로운 지평을 열었다.[85]

---

[85] 가브리엘 오르즈코는 회화, 디자인, 드로잉 등 다양한 미술 세계를 구현하는 멕시코 설치 미술가의 작품 활동가운데, 바다의 환경을 개선하고 환경을 지키기 위해 바닷가의 물건을 수거해서 새로운 작품을 만드는 영상과 작품 세계의 실례는 유튜브 https://youtu.be/JDjDiofy-14에서 참고할 수 있다.

하나뿐인 지구를 지키는 일은 개인이 아닌 인류 모두의 책임이다. 우리 자신과 지구를 사랑하는 'Love ourselves and love our earth'의 정신을 각 분야에 적용하는 사람들이 늘어갈 때 지구별에서의 공존의 시간을 연장할 수 있다.

7.4. 온오프 그리고 메타버스

미래학자 짐 로저스(Jim Rogers)는 전 세계 6대륙 116개국을 순회하며 문명과 산업의 변화를 연구하는 투자가이자 저술가이다. 짐 로저스는 코로나 상황에 출간한 『대전환의 시대』에서 코로나가 위기인 것은 분명하지만, 전쟁, 전염병과 재난들은 역사 이래로 무수히 반복되면서 문명의 변화를 유도해왔다고 언급했다. 이처럼 인류는 자연 재해, 질병, 전쟁과 같은 수많은 위기를 기회로 바꾸며 경제와 산업의 변화를 주도해왔다.

산업의 흥망은 시대 상황에 맞게 변화하기 마련이다. 열매와 먹거리를 찾아 이동하던 인류는 고대 유목민의 노마드적인 삶, 로마의 귀족 사회, 산업혁명 시대, 그리고 냉전 시대, 코로나 시대라는 문명에 궤적을 남기고 있다. 시대와 상황에 따라 세상이 추구하는 가치와 삶의 우선순위도 달라신다. 평화롭고 살기 좋은 시대에는 인구가 급증하지만, 전쟁, 전염병과 같이 문명이 퇴보하는 시기에는 출산율은 저조해지고 인구는 감소하기 마련이다. 코로나 이후로 세상은 아날로그 세상, 디지털 세상, 메타버스 세상이라는 다양한 차원의 세상을 오가며 산업이 전개되고 있다.

기성세대는 비교적 직접 대면과 이동에 익숙하고, 온라인과 메타버스 세상에 관심이 덜 하지만, MZ세대와 아동들은 스마트폰, 탭, 노트북과 같은 온라인 기기의 활용에 오히려 익숙하다. MZ세대는 온라인에 소개된 여행지에 직접 가보고, 종이로 된 사진과 일기장, 그리고 실제 상품을 소유하려는 욕구가 오히려 강한 편이다. 하지만 연령에 따라 온오프 세상, 메타버스에 대한 이용도가 결정된다고 단정할 수는 없다. 오히려 노년층이 온라인을 활용할 경우, 거동이 불편한 어르신들이 자녀와 화면으로 만나고 타 지역의 친구와 체스나 장기를 두는 등 편리함을 누릴 수 있다. 또한 노년층이 온라인 쇼핑을 활용할 경우, 노인들의 일상이 훨씬 더 편해질 것이다.

아날로그 세상은 인류가 의식주를 해결하면서, 실제로 여행하고 소비하고 운동하는 세상으로, 의식주와 관련된 실질 산업이 필요하다. 디지털 세상은 컴퓨터, 핸드폰, 아이패드 같은 온라인 매체로 연결되며, 정보의 습득, 학습, 타인과의 소통을 위해 사용자가 접속한 시간에만 활동한다. 코로나 상황에도 불구하고, BTS의 〈퍼미션투댄스〉 공연은 미국 LA, 그리고 라스베이거스에서 현장 공연과 온라인 공연으로 진행되었다. 코로나와 집 중심의 문화가 형성되면서, 온라인 중심의 GAFA(Google, Apple, Facebook, Amazon)를 포함한 넷플릭스(Netflix), 왓차

(Watcha), 티빙(Tving) 등 스트리밍 기업들과 영화, 드라마, 유튜브 등 정보와 재미를 주는 영상 기록물의 가치가 놀랍게 상승했다. 배우와 예술가들이 직접 오랜 시간과 비용을 투자해서 촬영한 영상물이 영구 보존되고 무한대로 재생할 수 있기 때문이다.

검색 엔진의 대표 기업으로 부상한 구글(Google)을 창립한 세르게이 브린은 소련에서 태어난 유대인으로, 6살에 가족과 함께 미국으로 이주했다. 세르게이 브린은 1995년 스탠포드 대학원에서 컴퓨터 공학과 2년 선배인 래리 페이지를 만나서 인연을 맺었다. 1998년 당시 25세 동갑내기인 세르게이 브린과 래리 페이지가 '페이지 랭크(Page Rank)'를 개발하면서 구글을 창립했다. 페이지 랭크는 사용자가 이용한 문서의 사용량을 근거로 문서의 중요도를 선별하는 방식을 도입해서 검색시장을 장악하기 시작했다.

구글의 회사명은 영어의 'Googol(구골)'을 변형한 것으로, 수학의 구골은 10의 100제곱, 즉 숫자 10 뒤에 99개의 0이 붙은 수가 구골(googol) 또는 구골플랙스(Googolplex)이다. 래리 페이지는 2003년 이스라엘의 수학 영재들이 모인 고등학교에서 "조금 어리석게 보이더라도 목표를 크게 세우세요. 여러분은 사람들이 잘 안하려는 일을 시도해야 합니다."라고 연설했다. 두 대표는 기업의 가치를 극대화하고 싶은 소원을 브랜드 이름에 반영했고, 구글은 마침내 2015년 세계 최대 기업에 등극했다.[86] 구글과 위키피디아(Wikipedia)의 정보는 다수의 참여자가 정확하고 방대한 양의 정보를 공유해서, 전 세계 유저들을 대화와 정보의 세계로 안내하고 있다. 사실 우리가 알고 싶은 단어, 인물, 음식점, 장소에 대한 실질적인 정보와 지식을 얻기 위해, 유저들은 굳이 책을 구입할 필요가 점점 없어지고 있다. 궁금하면 검색을 해보라는 영어 표현으로 'Google it(구글에서 검색해 봐)'이라는 신조어가 생겼을 만큼, 방대한 정보를 단시간에 알아낼 수 있는 공유 문화와 유저들의 온라인 의존도가 높아졌기 때문이다. 하지만 온라인은 전자 기기의 전원이 켜진 상태에서만 활용이 가능하다는 단점이 있다.

구글은 2016년 3월 AI 바둑 프로그램인 알파고(Alphago)가 한국의 프로 바둑기사 이세돌을 4대1로 이기면서 더욱 유명해지기 시작했다. 데이터의 집적으로 프로그램된 AI가 인간의 창의성과 지능을 초월하면서, 기계가 사람을 뛰어넘는 기술을 증명했기 때문이다. 구글의 기업모토는 "사악하지 말 것(Don't be evil)"이며, 정보를 조직화해서 사용자에게 도움을 주는 것을 최우선 과제로 삼고 있다. 실례로, TGIF(Thank God It's Friday)의 전통은 구글이 창립 이래로 매주 금요일마다 회사의 직원들과 한 자리에 모여 맥주와 음식을 나누며 대화하는 전통에서 유래했다.

---

86 류종렬, 천재의 생각법, 24-32p와 구글 위키백과 참고.

구글은 인종에 대한 차별 없이 직원들을 고용해서, 현재 절반 이상이 아시아계 직원이다. 또한 여성과 소수 민족 출신의 이공계 전공자를 양성하기 위해 장학금을 기부하고 있다.[87] 구글은 또한 전 세계의 지역 정보와 상점, 그리고 문화유산에 대한 방대한 자료를 가상현실로 구축하는 기술을 보유하고 있다. 유저들은 구글의 '스트리트 뷰(Street view)'와 가상현실을 통해서, 굳이 비행기로 이동하지 않고도 이집트 거리와 피라미드를 감상하거나 자신이 성장한 고향을 방문하는 온라인 여행이 가능한 시대가 도래했다.

메타버스(Metaverse)는 초월을 의미하는 'Meta'와 세상을 의미하는 'universe'를 합성한 단어로, 실제 세상을 온라인상에 옮겨놓은 초월적인 가상공간을 말한다. 메타버스는 아날로그 세상과 디지털 세상이 통합된 초월적인 세상이다. 실제 세상을 복제해서 가상 세계로 옮겨놓은 제3의 세상이다.

'메타 서울(Meta Seoul)'은 서울을 축소해서 가상공간에 옮겨놓은 트윈 메타버스로, 2022년 7월 27일 사전 분양을 진행해서 서울 지역의 타일이 실제로 거래되고 있다. 한국은 현재 축소형 부동산 실거래 세상인 '메타 서울(Meta Seoul)'에서부터, 남녀노소 모두 캐릭터로 게임과 의상을 즐길 수 있는 '제페토(Zepeto)',

87 버락 오바마, 『버락 오바마 담대한 희망』, 208-211p 참고.

'샌드박스(Sandbox)'[88], '이프랜드(Ifland)'도 개발되었다. 또한 화상 회의나 수업과 관련된 '오비스(Ovice)', '개더타운(Gather town)'도 개발되어 온라인 이용이 가능한 상태다. 교육과 산업뿐만 아니라, 영상 디자인, 일러스트, 포토샵, 요리를 다룬 '콜로소(Coloso)'와 다양한 쇼와 기념식을 즐길 수 있는 '쇼글(Showgle)' 등 메타버스를 활용한 분야가 점차 확대되고 있다.

메타버스는 제임스 카메룬 감독의 영화 〈아바타〉와 스티븐 스필버그 감독의 영화 〈레디 플레이어 원(Ready player one〉에서 이미 보여주었다. 두 영화에서 주인공들은 실존 인물과 가상 세계의 캐릭터를 오가며 이야기가 전개된다. 메타버스[89]에서 사람들은 신분을 밝히지 않고도, 자신의 아바타를 선택해서 게임, 패션, 회의, 음악, 춤, 노래, 교육 등을 즐길 수 있다. 한국에서는 메타버스를 대학 입학식과 오리엔테이션, 화상 회의를 위한 유용한 용도로 활용하고 있다. 2021년 10월 28일 '메타(Meta)'로 이름을 변경한 페이스북은 인스타그램(Instagram)과 함께 세계인의 다양한 일상과 정보를 공유하며, 환경, 사회, 세계 시민의 지

---

88 2021년 12월 9일자 블록 미디어(www.blockmedia.com) 보도에 따르면, 홍콩 부동산 재벌인 뉴월드그룹 대표인 정즈강(鄭志剛)이 가상 토지 게임인 우리 기업 샌드박스(Sandbox)에 500만 달러를 투자한다는 소식을 전했다.

89 메타버스는 여행, 쇼핑, 게임 등을 마치 실제에서 체험하는 효과를 주지만, 이동을 동반하지 않는 초월적 세상이다. 메타버스에는 가상현실(Virtual reality:VR), 증강현실(augumented reality:AR), 거울 세계, 라이프 로깅(Life logging)이 존재한다. 가상현실은 인공적인 기술로 만들어낸 환경을 말한다. 증강현실은 현실 공간에 가상이 보이는 상황으로, 증강 현실 게임인 '포켓몬 고(Pockemon Go)', '인그레스(Ingress)'등이 해당한다.

향점을 제시하는 소통의 창이 되고 있다.

BTS는 2022년 5월 '인더섬(In the Seom) with BTS' 게임 개발자로 참여했다. 정국이 직접 그린 하늘을 나는 고래와 멤버들이 함께 그린 섬에서, BTS와의 일상을 담은 게임과 스토리를 완성했다. 6월에 오픈한 인더섬은 난파된 배에서 고래 등에 올라타 다행히 섬에 도착한 멤버들의 섬 생활과 상황에 따른 선택을 소재로 삼았다. 인더섬은 BTS와 아미들만 알 수 있는 로고와 장식, 그리고 멤버들에 대한 정보와 대화들, 사진이 담겨있다. 멤버들이 자주 쓰는 멘트, 춤, 기호 등이 캐릭터로 만들어져, 팬들이 실제로 만나지 못하는 상황에서도 멤버들과 게임을 즐기는 만족감을 줄 수 있다. 슈가는 게임 인더섬의 OST 〈Our Island〉의 멜로디를 작곡했다.[90] 하이브는 코로나 시기를 지나는 팬들의 스트레스 해소를 위해 게임을 개발했다고 밝혔다.

메타버스는 유저들이 아바타 혹은 자신의 실물 그대로 먼 거리의 지인들과 가상공간에서 만나는 꿈을 꾼다. 메타버스에서 친구와 체스를 두거나 함께 노래를 부르는 현장감을 구현하는 기술을 '텔레프레전스(Telepresence)'라고 부른다. 텔레프레전스 기법으로 제작한 BTS의 뮤비가 바로 콜드플레이와 협업한

90 '인더섬 with BTS' 게임 소개와 OST 〈Our Island〉 영상은 https://youtu.be/anvAlOnRbqY에서 확인할 수 있다.

〈My universe〉[91]이다. 〈마이유니버스〉는 음악이 금지된 세상에서 외계인, 콜드플레이 그리고 BTS가 증강현실에서 홀로 밴드(Holo band)로 만나 음악으로 소통하며 평화를 구축하는 가상의 미래를 보여주었다.

7.5. 다양한 문화의 공존과 협력

2022년 3월 16일 포춘지에서 메타 최고 경영자인 마크 저커버그(Mark Juckerberg)는 인스타그램을 대체불가토큰(Non Fungible Token:NFT) 시장으로 만들 계획이라고 밝혔다. 현재 한국의 가상화폐거래소는 업비트(UPbit), 빗썸(Bithum) 등이 있다. 비트코인 거래소에서는 예술가들의 만화, 펭수 캐릭터 영상, 크리에이터들의 다채로운 영상 작품, 운동선수들의 레전드 기록 영상물이 실제로 거래되고 있다.

BTS의 〈웨일리언 52(Whalien 52)〉는 가장 높은 헤르츠의 소리를 내는 고래를 모티브로 만든 노래다. 이 노래는 52헤르츠의 음역으로 자신의 종족끼리만 소통할 수 있는 외로운 고래를 이야기하고 있다. 〈웨일리언52〉는 가족과 떨어진 타지에서 꿈을 향해 창작과 촬영의 바쁜 일정을 소화하는 생활 속에서도 여전히 자연과 동물, 순수함을 사랑하는 소년들의 솔직한 목소리가 담

---

91 텔레프레전스 기법을 사용해 이동하지 않고, 함께 공연하는 장면을 연출한 〈My universe〉의 뮤비는 유튜브 링크 https://youtu.be/3YqPKLZF_WU에서 감상할 수 있다.

겨 있다.

업비트(Upbit)에는 이더리움(ETH)과 원화로 거래되는 장승효 크리에이터의 'What is nature' 영상 작품이 있다. 한국의 수도 서울은 많은 사람과 사업의 핵심 도시로 차와 사람이 많은 부지런한 도시이다. 서울에서 출퇴근 시간대의 교통체증은 당연한 일상이었다. 서울에서 교통체증은 지각에 대한 납득할 만한 이유가 되곤 했다. 나는 도로가 막힐 때마다 비행기가 항로로 이동하듯이 '차가 붕 떠서 날아가면 얼마나 좋을까?'하는 엉뚱한 상상을 하곤 했었다. 장승효 크리에이터의 작품에서는 파스텔 톤의 맑디맑은 지구에서 차와 고래가 하늘을 나는 한 폭의 수채화 같은 장면을 연출했다. 장 크리에이터의 영상 작품은 하늘을 나는 고래와 자동차들이 도시 위로 날아다니는 30초의 짧은 영상이지만, 놀랍게도 실거래가가 4,500만원을 넘는다. 이제 실물 작품뿐만 아니라, 온라인에 존재하는 디지털 아트들이 실제로 거래되는 시대가 왔음을 알 수 있다. 대체불가토큰(Non-fungible token;NFT)으로 거래되는 크리에이터들의 창의적인 디지털 아트는 이미 예술의 한 분야로 자리를 잡고 있다.

인류는 아날로그 세상에서 양산된 문제들을 함께 해결할 운명 공동체이다. 온라인과 메타버스는 인류가 아날로그 세상만을 추구하며 경험한 위기를 해결하는 언택트 대안이 될 수 있다. 메타버스의 발전 속도는 비대면 활동에 대한 요구와 이용자의 선호도에 비례하여 가속화될 것이다. 인류는 앞으로도 온오프라인,

그리고 메타버스라는 다양한 차원의 세상을 이동하며 살아나갈 것이다. 영화 '주토피아(Zootopia)'처럼 인류의 기호와 다양성을 존중하며 함께 공존하는 산업이 구체화될 것이다. 산업의 발전과 기술의 진보는 전염병과 같은 팬데믹, 에너지 고갈, 부의 재분배, 다양한 불평등을 조율하는 대안을 제시할 수 있다.

7.6. 영원히 기억될 우리 시대 영웅

BTS는 천재적인 음악과 소통 능력으로 케이 팝의 위상을 드높이고, 한국의 대중문화를 세계에 알린 전설적인 보이그룹으로 기억될 것이다. BTS는 한국을 대표하는 외교적 역량을 인정받아서, 대통령 특별 사절에 임명된 음악의 외교관이다. 또한 한미 관계 증진에 기여한 공로로 밴 플리트상을 받은 케이 팝 그룹이다. BTS는 코로나로 집단 우울증에 빠진 세계인의 마음을 음악과 메시지, 소통으로 팬들에게 위로를 전하는 전 세계적인 영웅소년단으로 거듭났다. BTS는 자기 성장과 초월로 자신의 분야에서 세계인이 인정하는 전설적인 가수로 성공했을 뿐만 아니라, 음악에 담긴 메시지와 유엔 연설을 통해 현세대 청춘의 정신적 리더로서, 선하고 긍정적인 영향력을 행사하고 있다.

우리 시대 영웅은 불의한 권력에 맹종하는 팔로워가 되기를 거부한다. 우리 시대 영웅은 창조주가 지으신 창조 질서를 회복하고, 약자를 차별 없이 보호하며 상생하는 세상을 만드는 사람들이다. 우리 시대 영웅은 하나님이 지으신 동식물을 보호하고, 기성세대가 개발한 기술과 자원을 통해 자연의 질서에 순응하고, 인간의 선한 본성과 에덴동산의 원형을 회복하는 사람들이다. 우리 시대의 영웅은 기후 변화에 대비하고 질병을 예방하며 아픈 환자를 치료하는 사람이며, 권력과 권위로 약한 자들을 희생시키지 않는 사람들이다. 우리 시대 영웅은 특별한 소수만을 위한 사회가 아니라, 인류가 다 같이 평등하게 공존하는 사회를 꿈꾸는 사람들이다.

우리 시대 영웅은 학교에서 배운 지식을 활용해 실질적인 대책을 마련하는 데 활용하며, 역사가 번복한 시행착오의 시간을 단축시키는 사람들이다. 우리 시대 영웅은 인종, 국경, 종교, 학력, 인맥, 혈연 등을 통한 차별을 해소하기 위해 사람들과 소통하고 서로의 필요를 채워주는 사회를 지향한다.

우리 시대의 영웅은 희생되고 차별받는 사람 없이 모두의 존재가치를 인정한다. 그들은 탕진이나 사치로 과시하기보다는 환경보호와 공공의 선에 동참하는 사회적 기업을 통한 의미 있고 효율적인 소비를 지향한다. MZ세대의 영웅은 BTS처럼 자신의 재능과 역량을 극대화해서 세상을 더 아름답고 평화롭게 만드는 데 기여한다. 우리 시대 영웅은 작고 소외된 사람들을 소중히 여기며, 자신의 성장과 성공을 통해 세상을 아름답게 밝히는 성숙한 사람들이다. 우리 시대 영웅은 지구별의 77억 인구가 공존하는 세상을 지향한다.

우리 시대 영웅은 자기 사랑을 기본으로, 자신의 재능과 경험을 극대화시켜 버려지는 물건들, 쓸모없는 생물에 새 생명을 부여하고 존재 가치를 발견해주는 사람들이다. 우리 시대 영웅은 무시당했던 소수자의 가치를 발견해주고, 꿈을 잃은 사람들에게 희망과 용기를 주어 삶의 주인공으로 당당히 살아가길 격려한다. 그들은 자신의 자리에서 꽃 피우고 열매 맺어 불굴의 의지로 끊임없이 성장하는 사람들이다. 우리 시대 영웅은 BTS가 음악으로 팬들과 세상을 변화시키듯이, 자신의 분야에서 인류를 위해 공헌하는 사람들이다. BTS는 자신들의 음악을 청각 장애를 지닌 소수자들까지 들을 수 있도록 배려했다. 그들은 앞으로도 인간적인 공감과 정서로 더 많은 사람들과 음악적 연대를 이뤄나갈 것이다.

BTS는 연리지(連理枝)처럼 자신의 손을 뻗어 다양한 팬들을 포용하고 연결되기를 희망하고 있다. BTS는 절망에 빠진 사람들에게 희망을 주고, 불확실한 시대 속에서 차별받고 위험에 노출된 사람들을 보호하는 영웅으로 우리와 함께 동행할 것이다. 미래 사회는 BTS의 음반과 기록들을 소중히 다루고, 공연 실황과 뮤직비디오를 보며 전 세계를 감동시킨 우리 시대 영웅, BTS를 영원히 잊지 못할 것이다. 21세기 대중음악을 선도한 7명의 디오니소스, 스스로 평범하다고 말하나, 너무나 특별한 우리 시대 영웅, BTS를 영원히 기억할 것이다.

나는 BTS의 세상과 사람을 향한 음악 세계를 더 많은 사람들이 기억할 수 있도록 기록했다. 하지만 BTS와 아미의 최고의 날들은 여전히 계속되고 있고, BTS의 행보는 누구도 예측할 수 없을 만큼 다양하게 확장되고 있다. BTS의 음악 세계와 팬덤 아미의 동행에 대한 고마움과 긍지의 마음을 담아, 'BTS의, BTS에 의한, BTS와 아미를 위한' 추억을 이 책으로 남긴다.

부록

1. RM의 UN 연설문 UNICEF ‘Generation unlimited’ Partnership event〉

2018년 9월 24일 미국 뉴욕 유엔본부 신탁통치 이사회 회의장에서 BTS의 리더인 알엠이 유엔아동기금(UNICEF)의 청년 어젠다 ‘제너레이션 언리미티드(Generation unlimited)에서 아이들과 청년들에게 자신의 목소리를 내라(Speak yourself)는 연설을 하다.

Thank you, Mr Secretary General Unicef executive director and all the excellencies and distinguished guests from all across the world.

My name is Kim Nam Jun and RM of Leader of BTS. It is an incredible honor to be invited to an occasion with such significance for today's young generation.

Last November, BTS launched the ‘love myself campaign’ with UNICEF built on our behalf that true love first begins with loving myself.

We've been participating with UNICEF's ‘End Violence program’ to protect the children and young people all over the world from violence.

And our fans have become a major part of this campaign with their action and with their enthusiasm.

We truly have the best fans in the world. And I'd like to begin by talking about myself. I was born in Ilsan, a city near Seoul, South Korea. It is really beautiful place with a lake, hills and even annual flower festival. I spent a very happy childhood there. and I was just an ordinary boy. I used to look up the night sky and wonder and I used to dream the dreams of a boy. I used to imagine that I was a superhero who could save the world. In an 《Intro》 to one of our early albums, there's a line that says, "My heart stopped when I was maybe nine or ten." Looking back, I think that's when I began to worry about what other people thought of me and started seeing myself through their eyes. I stopped looking up at the night skies, the stars. I stopped daydreaming. Instead, I just tried to jam myself into the molds that other people made. Soon, I began to shut out my own voice and started to listen to the voices of others. No one called out my name and neither did I. My heart stopped and my eyes closed shut. So, like this, I, we, all lost our names. We became like ghosts. But I had one sensory and that was music. There was a small voice inside of me that said, "Wake up, man and listen to yourself". But it took me a long time to hear music calling my real name. Even after making the decision to join BTS, there were a lot of hurdles. Some people might not believe, but most people thought we were hopeless. And sometimes I just wanted to quit. But I think I was very lucky that I didn't give it all up. And I'm sure that I, and we will keep stumbling and falling like this. BTS has become artist performing in those huge stadiums and selling millions of albums right now. But I am still an ordinary 24-year-old guy. If there's anything that I achieved, it was only possible that I have my other BTS members right by my side and because of the love and support that our ARMY fans all over the world made for us. And maybe I made a mistake yesterday but yesterday's me is still me. Today, I am who I am with all of my faults and my mistakes. Tomorrow, I might be a tiny wiser and that'll be me, too. These faults and mistakes are what I am making up the brightest stars in the constellation of my life. I have come to love myself for who I am, for who I was. and who I hope to become. I'd like to say one last thing. After releasing our "Love yourself" albums and launching the "Love myself" campaign we started to hear remarkable stories from our fans all over the world how our messages helped them overcome their hardships in life and start loving themselves. Those stories constantly remind us of our responsibility. So, let's take all one more step. We have learned to love ourselves. so now I urge you to speak yourself.

I'd like to ask all of you,

What is your name?

What excites you and makes your heart beat?

Tell me your story,

I want to hear your voice and I want to hear your conviction,

No matter who you are, where you're from, your skin color, your gender identity, just speak yourself.

Find your name and find your voice by speaking yourself.

I'm Kim Nam Jun and also RM of BTS

I'm an idol and I'm an artist from a small town in Korea.

Like most people, I've made many and plenty mistakes in my life.

I have many faults and I have many more fears but I'm going to embrace myself as hard as I can and I'm starting to love myself, gradually, just little by little.

What is your name? Speak yourself. Thank you very much.

사무총장님, 유니세프 총재님, 위원님들, 세계의 내외 귀빈 여러분 감사합니다. 제 이름은 김남준, 그룹 방탄소년단의 리더입니다. 오늘날의 젊은 세대에게 큰 의미가 있는 자리에 초대되어 크나큰 영광이라고 생각합니다.

지난 11월, BTS는 유니세프와 "Love myself" 캠페인을 시작했습니다. 진정한 사랑은 자기 자신을 사랑하는 것에서부터 시작된다는 우리의 믿음을 토대로 한 캠페인이었습니다. 우리는 전 세계 어린이들과 청소년들을 폭력으로부터 보호하기 위해 유니세프와 #EndViolence 프로그램도 함께 하고 있습니다. 그리고 저희 팬들의 행동과 열정은 이 캠페인의 주요한 한 축이 되었습니다. 아미는 진정으로 세계에서 가장 멋진 팬들입니다.

먼저 제 이야기로 시작하고자 합니다. 저는 한국, 서울 근처의 일산이라는 도시에서 태어났습니다. 호수, 작은 산들, 그리고 매년 꽃 축제가 열리는 정말 아름다운 곳입니다. 저는 그곳에서 아주 행복한 어린 시절을 보냈고, 그저 평범한 아이였습니다. 밤하늘을 올려다보며 신기해하고, 여느 소년들처럼 꿈을 가지고 있었습니다. 제가 영웅이 되어 세계를 구하는 상상을 하곤 했습니다. 저희 초기 앨범 《Intro》에 이런 가사가 있습니다. "아홉 살, 아니면 열 살 때쯤 내 심장은 멈췄지" 되돌아보면, 그때 저는 다른 사람들이 나를 어떻게 생각할까를 걱정하며, 다른 사람들의 눈으로 나 자신을 보기 시작한 때인 것 같습니다. 저는 밤하늘과 별을 올려 보기를 멈췄습니다. 꿈꾸는 것도 멈췄습니다. 대신에 다른 사람들이 만들어 놓은 틀 안에 제 자신을 집어넣으려 했습니다.

곧 저는 제 목소리를 닫았고, 다른 사람들의 말을 듣기 시작했습니다. 아무도 제 이름을 불러주지 않았고, 저 또한 그랬습니다. 제 심장은 멈췄고, 두 눈은 닫혔습니다. 이렇게 저는 우리는 모두 자신의 이름을 잃어 버렸습니다. 유령처럼 돼버린 거죠. 그러나 저에겐 하나의 도피처가 있었는데 바로 음악이었습니다. 제 안에서 작은 목소리가 들렸습니다. "이봐, 깨어나. 그리고 너 자신의 목소리를 들어봐" 하지만 음악이 제 진짜 이름을 부르는 걸 듣기까지는 꽤 오랜 시간이 걸렸습니다. 심지어 BTS에 합류하기로 결정한 후에도 장애물이 많았습니다. 믿지 않으실 수도 있지만, 대다수의 사람들이 저희에게는 희망이 없다고 말했고, 저도 때로는 그냥 모든 걸 그만두고 싶었습니다.

하지만 그때 다 포기하지 않은 것이 정말 다행이라고 생각합니다. 그리고 확신컨대 저와 우리는 앞으로도 이렇게 계속 넘어지고 쓰러질 지도 모릅니다. 이제 BTS는 대형 스타디움에서 공연을 하고 수백만 장의 앨범이 팔리는 아티스트가 되었지만, 저는 여전히 24살의 평범한 청년입니다. 만약 제가 어떤 성과를 이뤘다면, 그것은 다 저와 함께 있는 BTS 멤버들이 있었기에 가능했고, 오늘의 우리를 있게 해준 전 세계 아미 팬 분들의 사랑과 응원 덕분입니다.

그리고 저는 어제 어떤 실수를 했는지도 모릅니다. 그래도 어제의 나는 여전히 나입니다. 오늘의 나는 내 모든 단점과 실수들로 만들어진 나입니다. 내일 저는 어쩌면 조금은 더 현명해질지도 모르죠. 그 또한 나입니다. 이런 단점과 실수들은 내가 누구인지 말해주며, 제 삶의 별자리에서 가장 빛나는 별들을 만들어줄 겁니다.

저는 지금의 나, 과거의 나, 그리고 앞으로 희망하는 나의 모습까지 저 자신을 사랑하게 됐습니다. 마지막으로 한 가지만 더 말씀드리고 싶습니다. 《Love Yourself》 앨범을 발매하고, 'Love Myself(자기사랑) 캠페인을 시작한 후, 저희는 전 세계 팬들로부터 놀라운 이야기들을 듣기 시작했습니다. 어떻게 우리의 메시지로 삶의 난관을 극복하고 자기 자신을 사랑하게 됐는가에 대해서 말이죠. 그런 이야기들은 우리에게 계속해서 책임감을 갖게 해줍니다. 이제 우리 다 같이 한 걸음 더 나아가 봅시다. 우리는 자신을 사랑해야함을 알게 됐으니 이제 저는 여러분에게 자신만의 목소리를 내보기를 요청합니다. 여러분 모두에게 묻고 싶습니다. 당신의 이름은 무엇입니까? 당신을 기쁘게 하고 심장을 뛰게 하는 것은 무엇입니까? 당신의 이야기를 들려주십시오. 저는 여러분들의 목소리를 듣고 싶고, 여러분의 신념을 듣고 싶습니다. 당신이 누구이건 어디에서 왔든지 피부색과 성별에 상관없이 그저 자신의 목소리를 내십시오. 자신의 이야기를 통해 당신의 이름을 찾고 자기 목소리를 찾으십시오.

저는 김남준이고 BTS의 RM입니다. 저는 한국의 작은 도시에서 온 아이돌이자 아티스트입니다. 다른 사람들처럼, 저도 살아오면서 많은 실수를 저질렀습니다. 저는 결점도 많고 두려움도 많지만, 저 자신을 꽉 끌어안을 것입니다. 그리고 천천히 아주 조금씩 자신을 사랑하고 있습니다. 당신의 이름은 무엇입니까? 자신의 목소리를 내주세요. 감사합니다.

2. 2020년 BTS 유엔 연설문

Thank you, Representatives of the member states of Group of Friends of Solidarity for Global Health Security, UNICEF Executive director Excellencies and distinguished guests from all around the world, it is a great honor for us to have this valuable opportunity to speak in a session in the 75th UN General Assembly. My name is RM, the leader of the group BTS. Two years ago here, I asked your name. I urged you to let me hear your voice. And I let myself be filled with imagination. As a boy from the small city of Ilsan, in Korea as a young man standing at the UNGA as a global citizen of this world, I imagined the limitless possibilities before all of us and my heart beating with excitement. But COVID 19 was beyond my imagination. Our world tour was totally canceled. All of our plans went away and I became alone. I looked up, but I couldn't see the stars at night.

글로벌 헬스 시큐러티, 유니세프 집행 위원들과 전 세계에서 오신 특별한 귀빈 여러분, 감사합니다. 방탄소년단이 75 번째 유엔 집회 세션 연설을 담당하는 소중한 기회를 갖게 되어 매우 영광스럽게 생각합니다. 제 이름은 RM, BTS 그룹의 리디입니다. 2년 전 이 자리에서 여러분의 이름을 물었습니다. 저는 지금 여러분에게 당신의 목소리에 귀를 기울이시라고 말씀드렸습니다. 그리고 저는 저 자신을 상상으로 가득 채우려 합니다. 한국 일산이라는 작은 동네 출신이자 글로벌 시민으로서 UNGA에 서 있는 젊은이로서 저는 여러분 앞에서 무한한 가능성을 상상하며 흥분감에 심장이 요동쳤습니다. 하지만 코비드19는 제 상상을 넘어섰습니다. 우리의 월드투어는 모두 취소되었습니다. 우리의 모든 계획은 사라지고 저는 혼자가 되었습니다. 하늘을 올려보았지만, 밤하늘에 별이 보이지 않았습니다.

□ 지민 - 절망했습니다. 모든 게 무너진 것만 같았습니다. 할 수 있는 건 창밖을 내다보는 것뿐이었고, 갈 수 있는 곳은 제 방뿐이었습니다. 어제는 전 세계 팬 분들과 춤추고 노래했는데, 오늘은 내 세계가 방 하나로 줄어든 것만 같았습니다. 그때 저의 동료들이 손을 잡아주었습니다. 함께 토닥이며 무엇을 같이 할 수

있을까?라며 이야기를 나누었습니다.

□ 슈가 - 오랜만에, 어쩌면 데뷔 후 처음으로 일상이 찾아왔습니다. 원했던 건 아니었지만 소중한 시간이었습니다. 넓었던 세계가 순식간에 좁아지는 건 제게 굉장히 익숙한 경험입니다. 월드 투어를 하며 화려한 조명과 팬들 속에 있다가 그날 밤, 방으로 돌아오면 제 세계는 몇 평짜리 좁은 공간으로 변하기 때문이죠. 좁은 방 안이었지만, 나와 우리의 세계는 넓게 펼쳐져 있었습니다. 악기와 스마트폰, 그리고 팬들이 그 세상 안에 존재했기 때문이죠.

□ 뷔 - 그런데 이번엔 예전과 달리 더 외롭고 좁게 느껴졌습니다. 왜일까? 한참을 생각했습니다. 아마도 상상하는 것이 힘들어졌기 때문이 아닐까 생각했습니다. 지금의 상황이 많이 답답하고 우울해졌지만, 메모를 하고 노래를 만들며 나에 대해 돌아보기도 했습니다. '여기서 포기하면 내 인생의 주인공이 아니지. 멋진 사람은 이렇게 하겠지'라고 생각하면서요.

□ 제이홉 - 누가 먼저였는지는 모르겠습니다. 많은 감정을 끌어안고, 우리 일곱 멤버들은 함께 음악을 만들기 시작했습니다. 그렇게 시작한 음악이기에 모든 것에 솔직할 수 있었고요. 우리의 삶은 예측할 수 없는 만큼 정해진 답도 없습니다. 저 또한 방향만 있고, 뚜렷한 방식은 없는 상태에서 나와 우리를 믿으며 최선을 다하고 순간을 즐기며 이 자리까지 왔으니까요.

□ 진 – 우리의 음악과 함께 사랑하는 멤버들과 가족, 친구들 그 동안 잊고 지냈던 나를 찾았습니다. 미래에 대한 걱정, 끊임없는 노력 다 중요하지만, 가장 중요한 건 자기 자신을 아껴주고, 격려해주고 가장 즐겁게 해주는 일입니다. 모든 게 불확실한 세상일수록 항상, 나, 너 그리고 우리의 소중함을 잃지 말아야 합니다. 저희가 지난 3년간 이야기해온 'Love myself' 메시지처럼. 그리고 'I'm a diamond. You know I glow up'이라는 저희 노래 〈Dynamite〉의 가사처럼 말이죠.

□ 정국 – 모두 함께 작업하던 어느 밤. 알엠 형은 제게 별이 보이지 않는다고 했는데, 그 때 유리창에 비친 제 얼굴이 보였습니다. 우리 모두의 얼굴도 보였습니다. 그렇게 서로에게 들려주고 싶은 이야기를 노래로 만들었습니다. 불확실한 오늘을 살고 있지만 사실 변한 건 없습니다. 내가 할 수 있는 것이 있다면, 우리의 목소리로 많은 사람들에게 힘을 줄 수 있다면 우린 그러길 원하고 계속 움직일 것입니다.

□ RM : When I started feeling lost, I remember my face in the window like Jeongkook said. I remember the words I spoke here 2 years ago. "Love yourself, Speak yourself". Now, more than ever, We must try to remember who we are and face who we are. We must try to love ourselves and imagine the future. BTS will be there with you. Our tomorrow may be dark, painful, difficult and we might stumble and fall down. But the stars shine brightest when the night is darkest. If the stars are hidden, we'll let moonlight guide us. If even the moon is dark, let our faces be the light that helps us find our way. Let's reimagine our world. We're huddled together tired, but let's dream again. Let's dream about a future when our world can break out of our small rooms again. It might feel like it's always night and we'll always be alone. But the night is always the darkest before the first light of dawn.

(한글 번역: 제가 무언가를 잃었다고 느꼈을 때, 저도 정국이가 말한 대로 창문에 비춰진 제 얼굴을 보았습니다. 저는 제가 여기서 2년 전 연설한 말들을 떠올렸습니다. "당신을 사랑하세요. 자신의 목소리를 내세요." 지금 어느 때 보다도 자신이 누구인가를 기억해야 합니다. 우리 자신을 사랑하고 미래를 상상해야 합니다. BTS가 여러분과 함께 할 것입니다. 우리의 내일이 어둡고 고통스럽고 어렵게 느껴질 때 우리는 쓰러질 수 있습니다. 하지만 밤이 깊으면 별이 가장 밝게 빛납니다. 별들이 감춰져 있다면, 달빛이 우리를 안내할 것입니다. 달조차 어둡다면, 우리의 얼굴이 빛이 되어 길을 찾아낼 것입니다. 우리의 세상을 다시 상상해봅시다. 우리는 장애물을 만났고 모두 피로감을 느끼고 있습니다. 하지만 다시 꿈을 꿉시다. 우리 세상이 우리의 작은 방을 깨뜨릴 미래를 꿈꿉시다. 어두운 밤이고 우리가 항상 혼자인 것

처럼 느껴질지 모릅니다. 그러나 새벽 여명이 밝아오기 전이 가장 어둡기 마련입니다.)

□ 정국: Life goes on.

□ 지민: Life goes on.

□ 뷔: Life goes on.

□ 제이홉: Life goes on.

□ 진: Life goes on.

□ 슈가: Life goes on.

□ 알엠: Life goes on.

□ 모두: Let's live on.

3. 2021년 BTS 유엔 총회 연설문

□ 남준: 존경하는 압둘라 사이드 제 76차 유엔 총회 의장님, 안토니우 구테흐스 유엔 사무총장님, 문재인 대통령님, 그리고 각국 정상 여러분! 이 자리에 서게 되어 진심으로 영광입니다. 대한민국 대통령 특사, 방탄소년단입니다. 저희는 오늘 미래 세대의 이야기를 전하기 위해 이 자리에 왔습니다. 오기 전에 전 세

계 10대, 20대분들께 지난 2년은 어땠고, 또 지금은 어떤 세상을 살아가고 있는지 물었는데요. 어떤 대답들이 있었는지 진씨가 소개해주시겠습니다.

□ 진: 네. 같이 한 번 보실까요? 보는 것만으로도 기분 좋은 에너지가 느껴지지 않나요? 사실 지난 2년은 당혹스럽고 막막한 기분이 들 때가 있었는데, 그렇더라도 '지금을 잘 살아가자(Let's live on)'라고 외치는 분들이 있었습니다.

□ 지민: 가장 다양한 것을 도전할 수 있는 시기에 멈춰만 있을 수는 없으니까요. 솔직히 처음에는 누구를 탓할 수도 없고, 억울하셨을 겁니다. 나는 어제와 똑같은데, 한순간에 평행세계에 온 것처럼 세상이 변해버렸으니까요.

□ 정국: 입학식, 졸업식이 취소가 되었다는 소식도 들었습니다. 인생에서 반드시 기념해야 하고, 기념하고픈 순간이셨을 텐데, 많이 안타깝고 아쉬우셨을 것 같습니다. 저희들도 오랫동안 준비해온 콘서트가 취소되면서, 정말 많이 속상하고 저희가 완성하고 싶은 순간을 한동안 그리워했던 것 같습니다.

□ 슈가: 네. 맞습니다. 코로나로 잃어버린 것들에 대한 일종의 애도가 필요한 시간이었던 것 같습니다. 네. 그동안 당연하다고 여기던 순간순간의 소중함을 깨닫는 시간이었습니다.

□ 지민: 방금 슈가씨께서 당연하게 여기는 것들에 대한 소중함

에 대해서 얘기해 주셨는데요. 저희의 질문에도 소중했던 순간들이 담긴 사진들로 답변해주신 분들이 많았습니다. 특히 자연과 함께 한 사진들을 많이 보내주셨는데, 2년 동안 자연을 느끼고 가꾸면서 시간을 더 특별하게 느끼시지 않았나 생각합니다.

□ 제이홉: 그렇네요. 지구에서 우리의 시간이 얼마 안 남은 것 같은 불안감이 들어서인 걸까요? 방금 우리가 애도했던 것들에 대해 이야기해 봤는데, 지구에 대한 애도는 정말 생각하고 싶지도 않네요. 기후 변화가 중요한 문제라는 것은 다들 공감하시지만, 어떤 게 최선의 방법이라고 얘기하는 것은 정말 쉽지 않더군요. 단정 지어 말하기엔 어려운 주제인 것 같아요.

□ 남준: 맞습니다. 사실 어려운 이야기입니다. 하지만 준비하면서 저희가 알게 되었던 것은 환경 문제에 진심으로 관심을 갖고, 또 전공으로 택해서 공부하는 학생들이 굉장히 많다는 사실이었습니다. 아무도 겪어보지 않은 미래이고, 거기서는 우리가 채워갈 시간이 더 많기 때문에, 어떤 방식으로 살아가야 할지 스스로 답을 찾아보고 계신 것이었습니다.

□ 뷔: 그러니까, 우리의 미래에 대해 너무 어둡게만 생각하진 않았으면 좋겠습니다. 앞으로의 세상을 위해 고민하고 노력하고 길을 찾고 있는 분들도 계실 테니까요. 우리가 주인공인 이야기의 페이지가 한참 남았는데, 벌써 엔딩이 정해진 것처럼 말하진 않았으면 좋겠습니다.

□ 정국: 물론 나는 준비가 되었더라도 세상이 멈춰져 있는 기분이 들 때가 있고, 길을 완전히 잃어버린 것 같은 느낌이 들 때도 있습니다. 저희도 그랬던 때가 있었고요.

□ 남준: 그래서 지금의 10대, 20대들을 코로나 로스트 제너레이션(Lost generation)으로 부르기도 한다는 말을 들었습니다. 가장 다양한 기회와 시도가 필요한 시기에 길을 잃게 되었다는 의미에서요. 그런데 어른들 눈에 보이지 않는다고 해서 길을 잃었다고 말할 수 있을까요?

□ 지민: 네. 사진을 함께 보시겠습니다. 온라인 공간에서 새로운 방식으로 친구들과 만남을 이어가고, 새롭게 공부를 시작하고, 더 건강하게 살아가기 위해 노력하는 분들이 많습니다. 그것은 길을 잃었다기보다 새롭게 도전하고 용기를 내는 모습으로 보입니다.

□ 진: 네. 그런 의미에서 'Lost generation'이 아니라, 'Welcome generation'이라는 이름이 더 잘 어울리는 것 같습니다. 변화에 겁먹기보단 '웰컴'이라고 말하면서 앞으로 걸어 나가는 세대라는 의미에서요.

□ 남준: 맞습니다. 가능성과 희망을 믿고 있으면 예상 밖의 상황에서도 길을 잃는 것이 아니라, 새로운 길을 발견하게 되리라는 사실을 믿어 의심치 않습니다.

□ 슈가: 네. 우리가 택하는 방법들 중에 완벽하지 않은 것들도 있겠지만, 그렇다고 해서 할 수 있는 게 아무 것도 없을 거라고 생각하진 않습니다.

□ 제이홉: 중요한 건 변화 앞에서 어떤 선택을 하느냐가 아닐까요? 저희가 유엔에 온다는 소식을 듣고 많은 분들이 백신 접종을 했는지 궁금해 하시더군요. 이 자리를 빌어 말씀드리면, 저희 7명 모두가 백신을 맞았습니다.

□ 남준: 백신 접종은 저희를 기다리는 팬들을 만나기 위해서, 그리고 이 자리에 오기 위해서 끊어야 하는 일종의 티켓 같은 것이라고 생각하고 있습니다. 오늘 전해드린 메시지처럼 오늘 우리가 할 수 있는 것들을 하고 있는 중이니까요.

□ 뷔: 백신 접종도 그렇고 새로운 일상을 위한 노력들이 계속되고 있으니까, 우리 곧 얼굴을 맞이하고 만날 날이 멀지 않은 것 같습니다. 그때까지 모두 긍정적인 에너지로 다시 반겼으면 좋겠습니다.

□ 남준: 세상이 멈춘 줄 알았는데, 분명히 조금씩 앞으로 나아가고 있습니다. 모든 선택은 그 선택이 곧 변화의 시작이라고 믿고 있습니다. 엔딩이 아니라요. 새롭게 시작되는 세상에서 서로에게 웰컴이라고 말해줄 수 있으면 좋겠습니다. 이제 저희가 들려드릴 〈퍼미션투댄스〉는 모두에게 미리 전하고 싶은 저희의 웰컴 인사입니다.

4. 2022년 5월 31일 BTS 백악관 연설문

□ 남준: Hi, we are BTS and it is a great honor to be invited to the White House today to discuss the important issues of Anti-Asian hate crimes, Asian inclusion and diversity.

(안녕하세요. 저희는 BTS입니다. 백악관에 초대를 받아, 반 아시아계 증오 범죄와 아시아인 포용, 그리고 다양성이라는 중요한 이슈를 토론하게 된 것에 대해 매우 영광스럽게 생각합니다)

□ 석진: 오늘은 'AANHPI(아시아계 미국인, 하와이 원주민, 태평양 제도 주민 유산의 달)의 마지막 날입니다. 저희는 'AANHPI' 커뮤니티와 뜻을 함께하고 기념하기 위해 오늘 백악관에 왔습니다.

□ 지민: 최근 아시아계를 대상으로 한 많은 증오 범죄에 굉장히 놀랐고 마음이 안 좋았습니다. 이런 일이 근절되는 데 조금이나마 도움이 되고자 오늘 이 자리를 빌려 목소리를 내고자 합니다.

□ 제이홉: 오늘 저희가 이 자리에 올 수 있었던 것은 우리의 음악을 사랑해주시는 다양한 국적, 언어, 문화를 가진 아미 분들이 계셨기에 가능했다고 생각합니다. 정말 감사합니다.

□ 정국: 한국인의 음악이 서로 다른 언어와 문화를 넘어 전 세계 많은 분들께 닿을 수 있다는 게 아직까지 신기합니다. 그리고 이 모든 걸 연결시켜 주는 음악이란 것은 참으로 훌륭한 매개체가 아닌가 싶습니다.

□ 슈가: 나와 다른 것은 잘못된 일이 아닙니다. 옳고 그름이 아닌 다름을 인정하는 것으로부터 평등은 시작된다고 생각합니다.

□ 뷔: 우리는 모두 각자의 역사를 갖고 있습니다. 오늘 한 사람, 한 사람이 의미 있는 존재로서 서로를 존중하고 이해하기 위한 또 한 걸음이 되길 바랍니다.

□ 남준: And lastly. we thank President Biden and the White House for giving this important opportunity to speak about the important causes, remind ourselves of what we can do as artists. Once again, thank you very much.

(마지막으로, 우리는 바이든 대통령과 백악관에서 저희에게 중요한 주제에 대해 발언할 기회를 주시고, 저희가 아티스트로서 할 수 있는 일을 깨닫게 해주셔서 감사합니다. 다시 한 번 감사드립니다.)

참고 문헌

기사

김귀수 기자, [특파원 리포트] 데이비드 보위, 'HEROES', 베를린https://news.kbs.co.kr/news/view.do?ncd=5368415

김성현 기자, 메타, '호라이드 월드' 출시 "메타버스 확장", 2021년 12월 10일,https://zdnet.co.kr/view/?no=20211210083453,

김순신 기자. 우크라이나 어린이 기부 방탄소년단 지민 팬덤 전쟁지역 아이들 돕기 나선 감동 2022년 3월 2일. 텐아시아 – https://tenasia.hankyung.com/topic/article/2022030275344,

안현우기자, 국회의원도 못 받는 외교관 여권, BTS 손에 가게 된 근거는, 한국일보, 2021년 9월 15일, https://m.hankookilbo.com/News/Read/A2021091418090000537

정주신, BigHit의 방탄소년단(BTS) 성공전략과 팬덤(ARMY) 분석, 한국과 국제사회 5권 1호, 2021년

정하승 기자, jhaseung@korea.klr KOCIS(해외문화홍보원) 빌보드 '핫 100'에 진출한 한국 가수들

YTN 자막뉴스, BTS의 특별한 '브이', 전 세계가 이 춤에 주목하는 이유, 2021년 7월 17일,https://fb.watch/6QH-mGjDTf/

진은혜기자, 조선일보, 2021년 8월 .20일, https://www.chosun.com/economy/startup_story/2021/08/20/OZ6RZ4IWPVECTJPOTT7VJYULYQ/,

최보윤 기자, 75국 극장서 BTS 생중계, 조선일보, 2022년 3월 25일,

https://www.chosun.com/culture-life/performance-arts/2022/03/15/GG5HI72VQBHOVEACIY6Q73IYBY/

최윤정기자, 하이브, 타임지 선정 영향력 있는 100대 기업 2년 연속 포함, TV조선, 2022년 3월. 3일http://news.tvchosun.com/site/data/html_dir/2022/03/31/2022033190051.html.

Eleonora Pilastro, BTS and their 23 records enter the Guinness World Records 2022 Hall of Fame | Guinness World Records - 2022년 9월 2일 https://www.guinnessworldrecords.com/news/2021/9/bts-and-their-23-records-enter-the-guinness-world-records-2022-hall-of-fame?s=08.

잡지류

김정수(2018), 방탄소년단에 투영된 정책의 나비효과: 긴급조치 9호는 어떻게 K-pop의 성공을 가져왔을까?, 한국정책학회 동계학술대회 28 (809-833)

현대경제연구원, 방탄소년단 성공요인 분석과 활용 방안 19-19(통권 842호), 경제주평, 2019년 6월 5일

박 용 정 선 임 연 구 원 (2072-6204, yongjung@hri.co.kr)

류 승 희 연 구 원 (2072-6217, shryu@hri.co.kr)

정 민 연 구 위 원 (2072-6220, chungm@hri.co.kr)

한 재 진 연 구 위 원 (2072-6225, hzz72@hri.co.kr)

도서

김남국(2018), 《BTS INSIGHT 잘함과 진심 BTS에게 배우는 Z세대 경영전략》, 비밀신서

김상균(2022), 《메타버스 2》, 플랜비디자인

김주환(2011), 《회복탄력성》, 위즈덤하우스

구자형(2019), 《21세기 비틀즈, BTS》, 빛기둥

나태주(2022), 《작은 것들을 위한 시》, 도서출판 열림원

류종렬(2015), 《천재의 생각법》, 미다스북스

버락 오바마, 《버락 오바마 담대한 희망》, ㈜랜덤하우스코리아

숀아처(2012) Shawn Achor, 《행복의 특권》, 청림출판

스티븐 핑커(2014),《우리 본성의 선한 천사》, 김명남 옮김, 사이언스 북스

아드리안 베슬리(Adrian Besley)(2019), 《BTS, Icon of K-pop》, 김지연 번역, a9press

이지영, 《BTS 예술혁명》, 동녘

임홍빈(2018), 《90년생이 온다》, Whale books

존 맥스웰(2014), 《어떻게 배울 것인가》, ㈜비즈니스북스, 옮긴이 박산호

재러드 다이아몬드(1998), 《총, 균, 쇠》, 김진준 번역, ㈜문학사상

재러드 다이아몬드(2019), 《대변동, 위기, 선택, 변화》, 강주헌

역, 김영사

제러미 리프킨(2010), 《공감의 시대》, 이경남 옮김, 민음사

짐 로저스(2021), 《대전환의 시대》, 송태욱 옮김, 알파 미디어

카라 J. 스티븐즈(2018), 《우리 함께 하는 지금이 봄날》, 권기대 옮김, 베가북스

테드 고어츨, 벤 고이즐(2011), 《라이너스 폴링 평전》, 박경서 옮김, 실천문학사

홍석경(2020), 《BTS 길 위에서》, 어크로스

헤르만 헤세(1993), 《데미안》, 김성호 옮김, 靑木

소논문

윤민향, 학이시습(學而時習), '사랑하기'를 통한 치유와 성장의 날갯짓 –자기애(自己愛)와 방탄소년단(BTS) 열풍을 중심으로 –

김미경, '세븐테크 메타버스 ESG ', https://youtu.be/z3SPiDG1w8k 참고 MKTV

Achim Steiner, 〈An integrated global response is an investment in our future〉, 유엔국제개발계획, https://

www.undp.org/coronavirus

검색 툴

구글 위키 백과.

네이버 지식백과.

네이버 Vibe.

어플 Vlive.

위버스 샵 (www.Weverseshop.ioe)

트위터.

Billboard Chart (https://www.billboard.com)

BTS, 사랑과 공감의 영웅

발행일 | 2022년 10월 10일

지은이 | 류은숙
펴낸이 | 마형민
편　집 | 신건희
펴낸곳 | (주)페스트북
주　소 | 경기도 안양시 안양판교로 20
홈페이지 | festbook.co.kr

ISBN 979-11-6929-108-8 03680
값 22,000원

* (주)페스트북은 '작가중심주의'를 고수합니다. 누구나 인생의 새로운 챕터를 쓰도록 돕습니다. Creative@festbook.co.kr로 자신만의 목소리를 보내주세요.